惊赏录

Appreciation of Ancient
Chinese Porcelains

陈鸿光 著

科学普及出版社
·北 京·

图书在版编目（CIP）数据

古瓷惊赏录／陈鸿光著 . —北京：科学普及出版社，2014.10
ISBN 978-7-110-08736-7

I. ① 古… II. ① 陈… III. ① 古代陶瓷－鉴赏－中国 IV. ① K876.3

中国版本图书馆 CIP 数据核字（2014）第 189244 号

出 版 人	苏　青
责任编辑	单　亭
责任校对	王勤杰
责任印制	张建农
装帧设计	中文天地

出版发行	科学普及出版社
地　　址	北京市海淀区中关村南大街 16 号
邮　　编	100081
发行电话	010-62173865
传　　真	010-62179148
网　　址	http://www.cspbooks.com.cn

开　　本	787mm×1092mm　1/16
字　　数	100 千字
印　　张	9.25
印　　数	1-3000 册
版　　次	2015 年 1 月第 1 版
印　　次	2015 年 1 月第 1 次印刷
印　　刷	北京盛通印刷股份有限公司
书　　号	ISBN 978-7-110-08736-7 / K·132
定　　价	45.00 元

前 言

20世纪90年代初期，我国收藏热刚刚兴起的时候，一个工薪阶层的我，既没有雄厚的资本，也没有研究瓷器的专家给引路指点，便懵懵懂懂地跟着卷进古瓷收藏的热潮里去了。当然，那点有限的工资主要用来养家糊口，偷偷留下的一点点奖金或些许稿酬，便是满足我收藏欲望的有限资本了。

那个时候，在北京南城潘家园的街边或土坡空地上，一到星期天便有很多卖古玩、旧货杂项的地摊；在什刹海、后海以及宣武门一带，也有定期或不定期的旧货古玩市场。每到星期天，这些地方便人头攒动，十分热闹。说实话，那会儿地摊上还真有像样的明清两代的青花粉彩或五彩瓷，但是我只能拿起来看一看，欣赏欣赏再放下，眼巴巴地看着不敢买。一是本人没有精准高深的眼力，真假吃不准，二是囊中羞涩，买不起。

逛古玩市场，我给自己定了一个原则：专买那些别人看不上眼、便宜乃至残破的老旧古瓷。特别是不招人待见的黑釉瓷，摊主本来要价就不高，巴不得有人买走，免去背来背去的负担，这便可中我的意。

有时花仨瓜俩枣儿的钱买一件残碗或旧盘子，捧回家去当宝贝似地欣赏研究。

刚刚步入古瓷收藏领域，拿着那黑乎乎的瓷碗或残破的瓷瓶，真不知从哪里入手去认识它们。

怎么办？找老师。图书资料便是我的老师，带着一个个问题去查找、去学习。有时为弄清一件瓷器的来历，要反反复复地跑书店、跑图书馆进行查找，必要时还要去博物馆看展出的实物进行观摩比对，直到把窑口和生产年代搞个明白心里才踏实。

查找文献是一件费时间、费力气的事情，有些资料有时费很多周折都查不到，那便只好暂时放弃，留下以后慢慢思考和研究了。

收藏瓷器的快乐在哪里？是欣赏它的造型、釉色、彩绘美，还是升值空间能带来收益的愉悦？

我认为这些都是收藏的快乐，但不是最

大的快乐。收藏的最大快乐应该是在认知藏品的过程中解决了一个个疑点时的那种快乐，尤其是当你搞明白你手中的一件不被人们器重的藏品竟是世间少有的珍品乃至绝品的时候，那种兴奋、激动与快乐，真如发现新大陆、发现未命名的新星一样，无法形容！这种快乐会伴你终生。

你见过香瓷吗？香瓷这个名称大概有些人听都没听说过，瓷器还能散发出香味吗？本书中介绍的一只胎釉斑驳的小黑釉罐，竟能发出浓郁的千年古香！

我国陶瓷界多年来寻寻觅觅的曜变天目釉完整器，竟然收藏在民间！

不信？你仔细读下去，看看那些曜变釉精彩美丽的照片就明白了。

凡收藏瓷器的人，大多见过黑釉瓷器釉面上的那种结晶斑，俗称油滴。那些小斑点从来都是银白色或棕红色的。而本书里那只建盏老碗上居然有蓝色的油滴！而且油滴的蓝色能随光线入射角度的变化而逐渐变色。

建窑的兔毫盏人们司空见惯，但很多人对盏里那比兔子毛粗上好多倍的褐色条纹产生怀疑：那条纹本不像兔毫，却为何称其为兔

毫盏呢？建盏里真有纤细柔长、细如发丝的银白色兔毫吗？此书会为你解疑。

据文献记载：北宋汝窑瓷"汁中棕眼隐起若蟹爪"。汝瓷棕眼如蟹爪这一说法，几百年来都是一个未解之谜，无人破解。中国硅酸盐学会主编的《中国陶瓷史》认为："小小的如棕毛孔大小的棕点又怎能隐起若蟹爪！"此书竟对古人的说法完全予以否定。难道真的是古人错了吗？

事实上，古人对宋代汝瓷"汁中棕眼隐起若蟹爪"的说法是有实物依据的，在此书中你会看到详细的介绍。

……

在我鉴赏和研究那些廉价"破旧"的古瓷时，竟有令人极其惊奇的重大发现！我想，这不应该仅仅是我个人兴奋、激动和快乐的事，而是应把这惊奇的发现记录下来，公之于世：

一来，让更多的人知道我们的先人竟制作出如此精美的古瓷，大家共同来欣赏，共同分享快乐；

二来，让陶瓷界的专家学者或有关的文博机构得知此事，如果他们感兴趣，可组织专业人员进行科学检测（本人无此条件）并做妥善的保管处置，莫再被后人当作粗瓷陋器随意处理或损毁；

三来，了却我许久的心愿：为我国古陶瓷的研究事业作一点小小的贡献。这是我这个双癌在身、年近八旬的古稀老人，在有限的时日里感到最欣慰和最自豪的事。

此书不是陶瓷专家的专著，但对古陶瓷收藏者以及对文史感兴趣的大众来说，读后都会从中受益的。

差错难免，望读者赐教。

陈鸿光
2014 年春于北京香瓷阁

目录

1

蓝色油滴盏

在我国古代黑色釉瓷器中，油滴釉是一种十分珍贵的品种，因为在瓷器的烧制过程中要形成这种特定的结晶釉，必须把烧成的条件控制得恰到好处，即使使用现代设备及仪表也很难做到。古代陶瓷艺人凭经验烧出美丽的"油滴"结晶，确实是一件了不起的事情。

人们在古瓷上常见的"油滴"大多是泛红色或银白色的（图1-1和图1-2）。

图1-1　泛红色"油滴"

图1-2　银白色"油滴"

至于有"花斑油滴"和"金亮色油滴"的完整器，更极难见到，因为连这样的古瓷片都极其稀少（图1-3和图1-4）。

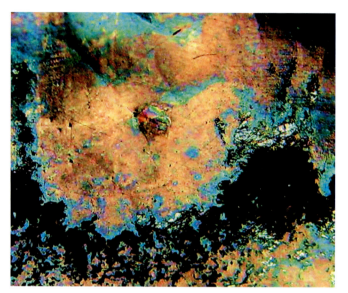

图1-3　花斑油滴

图1-4　金亮色油滴

有"花斑油滴"和"金亮色油滴"的完整器极难见到，因为连这样的古瓷片都极其稀少

那么蓝色的，而且会随光线改变颜色的油滴您见过吗？有些人大概闻所未闻。

现在向大家介绍的便是一只蓝色油滴盏。

此盏高 6.4 厘米、口径 12.4 厘米、足径 3.5 厘米；釉色黑中泛紫褐，釉水肥厚莹润，内外壁上满布斑点，斑点均各自独立，最大斑点直径为 6 毫米，最小斑点如针尖大小（图 1-5 和图 1-6）。

此盏油滴的颜色是蓝色的，在蓝色中还夹杂着少量有金属光泽的银白色油滴。在

图 1-5　蓝色油滴盏，盏高 6.4 厘米、口径 12.4 厘米、足径 3.5 厘米

盏内釉面反光点的亮区里，蓝色油滴变成毫
无光泽的黑色斑点，银油滴却变成白色（图
1-7）。

图1-6　釉色黑中泛紫褐，釉水肥厚莹润，内外壁上满布斑点，斑点均各自独立

图1-7　在盏内釉面反光点的亮区里，蓝油滴变成毫无光泽的黑色斑点，银油滴
　　　　却变成白色

最令人感到惊讶和兴奋的，是盏里所有的斑点都随光线入射角度的变化而变色！

当直视银白色的油滴时，它有很强的金属光泽，而当入视的角度逐渐改变时，它的颜色便由银白色向淡蓝色、浅蓝色，直至浓艳的青蓝色变化，其银亮的金属光泽也由强向弱变化，直至完全消失。

当直视那些蓝色的油滴时，它看上去是浅蓝色无金属光泽的；当入视的角度逐渐改变时，它们的颜色便由浅向深变化，直到变成浓艳的青蓝色；光泽也是由无光泽变成浅淡的银白色金属光泽，再变成无光泽。这便是此盏蓝色油滴随光线变化而变色的情景。

这一渐变的过程可从图1-8中能清晰地看到：即右下角反光点的亮区内油滴是黑白两色；而向亮区外逐渐扩散的油滴则由浅蓝色向青蓝色变化，其光泽也从没有光泽向浅淡的银光变化，最后光泽消失。

此盏油滴以外的釉面黑中泛紫褐，没有一丝蓝色。一位曾两度专程赴日本去看曜变天目和油滴釉盏的资深藏家，见此盏后十分赞赏，他说此盏在日本应列入"重要文化财"，亦属国宝类。

日本研究曜变天目和油滴釉的著名学者山崎一雄先生在《特殊天目茶盏，曜变和油滴的科学研究》一文中是这样写的："从各种

图1-8　右下角反光点的亮区内油滴是黑白两色；向外扩
　　　散的油滴由浅蓝向深蓝变化，光泽也随之变化

不同的角度看，油滴天目上的斑点不改变颜色，而大佛次郎先生盏上斑点的颜色随入射光方向而变。如果垂直地看这些斑点，它们呈蓝色；倾斜看金光闪闪，釉上完全没有一点蓝色辉光，除了斑点外是纯黑的。这些特征使大佛次郎先生的盏一方面有别于真正的曜变天目盏，另一方面也有别于油滴天目盏。所以我们称它为曜变天目的变种。迄今为止我们所知道的这个盏是这类中唯一的一只。"（原载《中国古陶瓷研究》科学出版社，

1987 年版）。

本书介绍的这只蓝色油滴盏与大佛次郎先生收藏的盏相比较，其最大的相同点是它们油滴的颜色能随入射光的方向改变而改变，两盏的油滴又均能呈现出蓝色辉光，这是十分重要的特性，由此笔者推断我们的这只蓝色油滴盏即是曜变天目的变异品种。

对此盏另有实物可为佐证，即水既生先生在山西古窑址考察时曾发现两片银光青兔毫瓷片，他在文章中这样写道："在漆黑的釉面上，有微闪银光的青灰色兔毫纹，在光线较弱的场合看时银光较强；如果光线较强时，毫纹就泛出蓝光；在水中观察时，毫纹显得清晰，呈闪金属光很浅的蓝色；在靠近灯光观察时，蓝光就更为明显，颇像日本静嘉堂宝藏的'曜变天目'的蓝光。"（《山西古窑址所见油滴和兔毫》见《中国古陶瓷研究》第二辑，紫禁城出版社，1988 年版。）

鉴于此，本人认为，能够变色的蓝色油滴或蓝色兔毫纹所泛出的蓝光，何止"颇像"日本静嘉堂宝藏的曜变天目的蓝光，应该说这样的瓷器即是曜变天目的变种。而且是在建阳窑以外的窑址发现的，尤为珍稀和有意义，因为它说明建阳窑以外的窑口同样也有

曜变天目类产品。

现在全世界仅有的四只宋代曜变天目宝盏，全部收藏在日本，被列为日本国宝。其中大佛次郎先生的盏名列第四，依次顺列，如果此类盏在国内没另有发现并公诸在先，那么笔者这里介绍的这只蓝色油滴盏当列天下宝盏第五！可补我国藏瓷空白。

另外，此盏还有两点需说明：

1.该盏的胎为白色（图1-6），由此可知它绝不是黑胎的建阳窑产品。经查阅相关文献资料，此盏很可能是浙江临安天目窑的产品。

《陶瓷学报》1997年第4期刊登了李家治先生等人的文章《浙江临安天目窑黑釉瓷的科学技术研究》。文章中说"天目窑黑釉瓷的突出特点是它具有洁白的胎。这是由于胎中 Fe_2O_3 和 TiO_2 的含量都非常低，这在浙江地区是很少见的。""所有这些残片都是白胎，不少已达到洁白的程度。"

当然，仅从此盏的外观上看胎是白的，但判定这只蓝油滴盏是否是临安天目窑的产品，尚需做进一步科学测定。

2.该盏的底足内有一个边长8毫米的方形戳记，紧靠足墙，内无文字，这是一种符号标志。古代民间窑业生产中农民数家合建一窑，各家自制器坯作上标记后合烧，这情形是很常见的。

在建窑盏的底足上常见龟背纹等符号标记，但盏底戳印无字方章符号的盏却不曾发现。

2

溯本穷源话兔毫

兔毫盏是我国宋代福建和四川、山西等地的一些瓷窑烧制的黑釉茶盏，它的产地以福建省建阳窑最为著名。

所谓兔毫纹，即指在黑色釉层中透泛出的结晶物质形成的细密条纹，其形状像兔毫一样纤细柔长。

但是，实际上我们最常见到的兔毫大多是褐色条纹，虽然它们在不同的茶盏里粗细各有不同，然而每根条纹都要比人的头发丝粗上几倍乃至十几倍，这与纤细柔长的兔毫相比，实在是相差太远太远（图2-1）。

不知道为什么，人们明明知道那些粗条褐斑根本不像纤细的兔毫，却一直这样称呼它。我曾多次向各藏友请教过这个问题，却都说不出所以然来，也有人凭想象说那些粗条纹都是缕缕兔毫。真可笑，盏内无丝何谈缕！

我常常想，先人所以用兔毫为这样的建盏命名，当时肯定在建盏上有细密如兔毫的条纹，他们绝对不会把那种粗纹褐斑看作兔毫。我坚信，先人在命名上绝对不会错。

不是吗？你看，古人称越窑秘色瓷的颜色为缥色或艾色，我曾用艾草叶进行过比对，结果证明古人说的极精准和贴切。至于"金丝铁线""紫口铁足""蚯蚓走泥纹""灯草边""豇豆红""茶叶末"等语汇与实物对号时，它们都既形象又逼真，而唯独兔毫纹这一叫法却与

图 2-1　在建盏上我们最常见到的兔毫，大多都是这类褐色条纹

实物大相径庭，这是为什么呢？这个问题长时间困扰着我，令我百思不得其解。

我想，有纤细柔长的兔毫纹建盏，在宋代也一定极稀少，这在有关文献中可以看出些端倪来。

北宋蔡襄《茶录》中说："茶色白，宜黑盏。建安所造者绀黑，纹如兔毫。"这里十分肯定地说盏内的条纹像兔毛一样。这是文献中关于兔毫纹一说的最早记载。纹如兔毫应是蔡襄亲眼所见。

北宋诗人黄庭坚在《西江月·茶》中称兔毫盏为"兔褐金丝宝碗"。这句话非常清楚地告诉我们，在有褐色条纹的兔毫盏里，他亲眼看到了极强金属光泽、银亮如丝的毫纹，并盛赞其为宝碗！如此说来，这种建盏里不是有两种条纹了吗？一种较粗的褐色条纹，一种纤细如丝的银亮条纹。

但是北宋的宋徽宗赵佶，在《大观茶论》中说："釉色绀黑，玉毫条达者为上。"他用"玉毫"而没用"兔毫"来形容建盏釉斑，这很可能是他没有见过纤细银亮的兔毫纹。

宋徽宗没见过也在情理之中，倘真将有纤细如丝的银毫纹建盏奉献上去让他看见，万一下旨：这般颜色作将来！岂不要了窑工的命嘛，因为银亮的兔毫纹盏，不是随人意愿能烧出来的，其成功的概率极低，烧不出来便抗旨不遵，脑袋还能保得住吗？

另外，银亮的兔毫纹在光照里比灰白色的玉毫纹要精彩得多（见后文及实物照），特别是在斗茶时，盏内点注出"蟹眼""乳花"便看不清盏内的"玉毫"，但是盏口的银兔毫却与"蟹眼新汤"交相辉映，绚丽多彩。

不仅宋徽宗没见过纤细银亮的兔毫纹，明代《格古要论》一书的作者曹昭可能也不曾见过真正的兔毫纹，因为他在书中这样写道："建窑器出福建……有黄兔斑，滴珠大者真……"他将"兔毫"特意改成了"兔斑"，虽然只是"毫"和"斑"一字之差，说明他认为用兔毫来形容司空见惯的建盏的

粗黄斑是不准确的。他同样对蔡襄的说法存有疑问。

殊不知，这都是纤细银亮的兔毫纹盏太稀少的缘故，人们难得一见，不然，何至于从北宋到如今，人们都误把建盏上那些粗条褐斑称作兔毫！

宋代建盏上真正的兔毫纹，竟然隐藏在条条褐色釉斑的缝隙之中，极其纤细，不加留意是不会发现它的，只有仔细观察，在盏壁的返光亮区里才能看到一条条纤细闪亮的银色毫纹，盏口处尤为密集（图2-2、图2-3和图2-4）。

图2-2　此盏在最常见的褐色条纹中竟藏有纤细柔长的银色兔毫

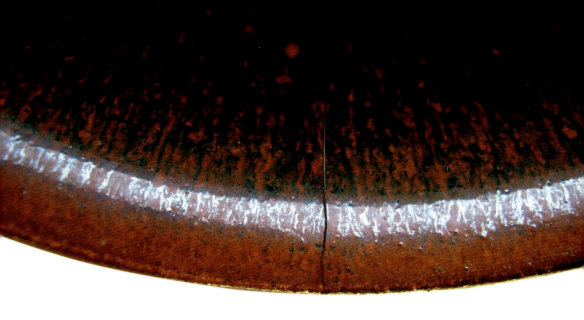

图 2-3　盏口处银毫尤为细密

　　我们用一根头发丝与兔毫纹作比对，在放大的兔毫纹照片中可见兔毫纹竟如发丝之纤细！那银白雪亮的细密毫纹果真如细柔绵长的兔毫一样。

　　我们不能不佩服先人为兔毫纹建盏命名之精准和贴切，也为我国古代窑工烧出如此精美的建盏而骄傲和自豪。

　　宝彩！那纤细银亮的兔毫纹堪称宝彩。

　　"兔褐金丝宝碗，松风蟹眼新汤。"黄庭坚在《西江月·茶》中对兔毫盏的赞美多么恰当、精准。

　　看到真正的兔毫纹隐匿在条条褐斑的缝隙之间，我终于解开了多年的疑团：

　　原来人们把条条褐斑看作兔毫纹是有道

2

溯本穷源话兔毫

图 2-4　用发丝与兔毫纹作比对，可见兔毫纹竟如发丝之纤细

理的，因为先人在给兔毫盏命名时，首先见到的是颇似毫纹的褐斑，而后才发现隐匿其中的银色兔毫纹，其纹尤为精彩美丽，故而名为兔毫盏。

褐斑与银毫混在一起都是条纹状，当大量的建盏上没有银兔毫而只见褐色条斑时，人们依照长久以来的传统称呼，依旧张冠李戴地叫它兔毫盏，这本是顺理成章的事。正像我们日常生活中食用的藕，它原本是茎，有人却张冠李戴地把它看作植物的根，哪里还理会它的真根是什么样子呢？误把褐色条斑看作兔毫纹，称其盏为兔毫盏，不也是如此吗？

细心鉴赏这只建盏，它十分精美。那纤细柔长的银色兔毫纹密布盏口之内，在光照下银光熠熠，令人赏心悦目。

除此之外，盏内釉色还有明显的层次变化：盏口为黄褐色，口下方是密集的褐色条斑，冷眼看去，条斑与黑色底釉竟交相辉映，发出青中泛绿的颜色，正如宋徽宗所言"盏以青绿为贵"（图2-5）。

图2-5　盏内发出青中带绿的颜色

图 2-6　盏内条斑参差垂流，直逼盏底，其色灰白似有玉质感

　　在密集的褐色条斑下方，大面积的釉面是青蓝色，上面垂流着从褐斑过渡下来的灰白色条斑，这些似有玉质感的条斑，参差垂流，直逼盏底。这大概就是宋徽宗所说的"玉毫条达者"（图 2-6）。

　　另有一些褐色圆斑点散落在毫纹之间，仿佛一个个小蝌蚪托着小尾巴，逆着"水流"上游，为此盏平添了几分生气。

　　出人意料的是，在盏的内底上竟有几个小绿色圆斑，须仔细观察方能辨清。盏的外壁近口沿处，也有一些纤细的银色兔毫纹。

图 2-7　盏底有硕大的滴珠，甚是可人

　　盏底滴珠硕大，正应《格古要论》中
"滴珠大者真"之语（图 2-7）。

　　这样一只精美的建盏，虽不能与曜变天
目盏相比，但绝不比日本收藏的那些优秀的兔
毫盏逊色。单凭它那银亮纤细的兔毫纹，称其
为珍品当不为过。

3

陋碗奇辉

奇异的黑釉浅腹碗

黑釉浅腹碗。广口、弧壁、圈足，足宽矮平切；口径 19.6 厘米、足径 6.1 厘米、通高 5.3 厘米。器型规整，拉坯成型，胎体上部轻薄，腹下渐厚。外壁刷半釉，釉层极薄，釉黑如漆，有较多失釉处和气孔，近口沿处有少许微凸的扁平垂釉，闪玻化光斑，余处光泽暗淡。外壁有明显的拉坯痕，露胎处呈土红色，胎质略显疏松，胎中可见白色颗粒。碗内满釉，釉层较外壁略厚，局部刷釉不匀。

碗内壁靠近口沿的四周，玻化层较薄，釉面黑亮如漆，有细纹。碗内其余釉面斑斑驳驳地被一层薄如轻纱的银灰色笼罩。

"鹧鸪碗面云萦宇"、"兔毫瓯心雪作泓"，陈蹇叔的诗句可恰作该釉面的写照，而且"雪泓"激起的"千堆雪"之外缘，构成了釉面两种色相之间参差交错的鲜明界限。

碗内底有 3 颗支钉痕，呈土黄色，钉痕大小一致，精细圆正，痕径近 2 毫米。在靠近支钉痕的底面上，有一些暗红和灰白的色块，斑驳交叠，使釉面显得腌臜不整（图3-1）。

初见此碗的人，大多视其为粗瓷陋碗，

图 3-1　碗的内底上有暗红和灰白的色块，斑驳交叠，使釉面显
得腌臜不整；底足无釉，可见胎质较粗松，有白色颗粒

但若静心观赏，仔细把玩，会感到一种深沉的肃穆与古朴，令人引发远古的幽思。尤其是碗内注入清水以后，令人意外的奇异现象出现了：银灰色的"面纱"立即消失，釉面变得黝黑莹润，上面斑驳交叠的色块此刻竟魔术般地变成一枚丰腴的心形树叶！

它是从黑色的釉层里隐现出来的，呈青绿色，上有细碎的灰白色斑点。树叶轮廓十分清晰，上面还有几块夺目的鸡血红斑（图3-2）。

图 3-2　碗内注入清水后，立现心形树叶

3

陋
碗
奇
辉

我国古籍中常有关于陶瓷出现奇异现象的记载。如"明宁国大长公主所用一磁杯，酌酒满则隐起一龙形，鳞鬣俱备，酒尽不复见。"（《香祖笔记》）；"闻邑绅刘吏部家藏古瓷盏四，内绘彩蝶，贮以水，蝶即浮水面，栩栩欲活。"（《凝斋丛话》）；"浮月杯，陶杯也，口微缺以金锢之，酒满，则一月晶晶浮酒面。"（《七颂堂识小录》）；"杯贮水可一合许，有鱼四头亦凸起，游泳宛然。商丘宋中丞牧仲见之，叹为异物，载入《说部》。此真古器，足贵者矣！"（《凝斋丛话》）。类似的记载还有不少，有的竟离奇到近于荒诞，如：于盏中"折花及米其中皆满，以金银与钱试之亦然"；于酒杯中"以酒注之，温温然有气，相次如沸汤"，这些简直可以说是神话。我想，这不过是前人的幻觉或美好的愿望，可是现在，浅腹碗里竟真的隐现出意想不到的图像，令人惊讶和兴奋。

惊奇的发现

《中国陶瓷史》中有这样的介绍："建窑黑盏有窑变花釉者，在盏里不规则的油斑的周围出现窑变蓝色。这种窑变极其少见，流散到日本的少数几件这类茶盏，今天被评为国宝级的文物。"又说，1977年在浙江金华仅采集到一种窑变蓝釉盏的标本。1982年，杭州文物工作者在临安县天目窑址发现大量黑釉瓷盏残片，据报道："除有一般的黑釉之外，还有少数兔毫、鹧鸪斑、乌黑中闪蓝色变幻光晕的瓷盏破片。"可见连这类窑变的瓷片都难得发现。

被日本定为国宝的曜变天目盏，是宋朝时来我国浙江天目山寺庙进修佛学的日本禅僧归国时带回去的。

早在日本室町时期（1392—1572年）出版的书中就对其做了如下的评价："曜变十分稀少，是最好的建盏，它的釉色黑里发亮，深蓝、浅蓝相互混杂布满其间，它的价值是最高的。"

我国自东汉开始生产黑瓷，在过去漫长的历史岁月里，在那众多窑口生产的无以计数的黑釉瓷器中，这种偶然出现的黑釉窑变瓷绝非仅有流散到日本的那4件，那么为什么到目前为止，我国却仅发现一些残片，而无一件完整的曜变釉瓷器呢？这里，除了这类品种的产品极其稀少或埋在地下未被发现的原因之外，是否还会有其他的原因？诸如私人收藏秘而不宣，或散落民间未被认知，抑或由于器物本身窑变的特异性而掩盖了"庐山真面目"？

这里要请读者关注的，正是由于上面最后一个原因而未被发现的一只碗，就是与前面介绍的黑釉浅腹碗成双配对的另一只广口浅腹碗。

它是我国陶瓷界多少年来寻寻觅觅的曜变釉完整器（暂名树叶纹曜变黑釉碗）。

谁也没想到，这样一件重要瓷器，竟以不屑一顾的粗陋外貌和匿彩于内的表征，被世人所忽视，不知被冷落了多少个年代。何以见得它便是曜变天目瓷呢？容笔者慢慢道来。

日本静嘉堂文库收藏的那只曜变天目盏，是我国宋代建窑产品，在盏的内壁上，有很多大小不一、呈卵形的圆斑，有些成群结合在一起，圆斑周围显示深蓝色辉光，看上去十分美丽和奇特。

日本学者山崎一雄先生曾对曜变和油滴进行科学研究，他对如何判定曜变天目瓷做了如下的论述："那些同时具有斑点和深蓝色辉光的盏才是真正的曜变天目盏，并以此区别于任何其他种类的盏。油滴盏只有斑点而没有蓝色辉光。"（《中国古陶瓷研究》，科学出版社，1987 年）

鉴别一件黑釉瓷器是否是曜变天目瓷，依照山崎一雄先生的结论，最根本的要看两点：一是釉面上是否有不规则的油斑；二是在油斑的周围是否同时出现窑变的蓝色。

现以日本静嘉堂文库收藏的曜变天目盏的照片为参照，来分述这只树叶纹曜变黑釉碗是符合以上的判定条件的。

蓝色辉光、彩斑与光环

在树叶纹曜变黑釉碗上，有一层薄如轻纱的钢灰色笼罩着釉面；碗的内底上有一些暗红和灰白的色块，斑驳交叠。这些表面釉色确实给人一种不光洁、不莹润的感觉。大概就是这第一印象，让人把它看作是民间的粗瓷陋碗。殊不知，那斑斓璀璨的夺目光辉竟然掩隐在这种粗陋的表象之下。

我们先谈谈碗内的蓝色辉光。

该碗的蓝色以两种形式出现：

一种是几块较大面积的深蓝色色块，它们分布在内壁上，约占碗内总釉面的二分之一，在光照下（衍射光）一眼望去，蓝色辉光隐在钢灰色的轻纱之下，可以很明显地看出来，但并不十分艳丽。

另一种是较浅淡的蓝色，隐隐约约地闪现于碗内斑驳腌臜的色相之中。

窑变蓝色并不是釉的颜色，据说是釉上有一层薄膜，由薄膜导致的光的干涉而产生蓝色辉光。

鉴于另一碗注入清水出现树叶纹的启示，我们在此碗内注入清水，这时碗内的蓝色骤然发生极大变化：原来深蓝色的部分，此刻迎光看去都变得湛蓝湛蓝的，闪着明亮如锦缎般的金属光泽，仿佛蓝宝石一样美丽。

碗内底同时出现了清晰的树叶纹，迎光观察，可见叶纹上银灰色的金属光泽里有一种淡淡的蓝色光晕在里面飘忽闪动。以上这两种蓝色，便是该碗的窑变蓝色（图3-3）。

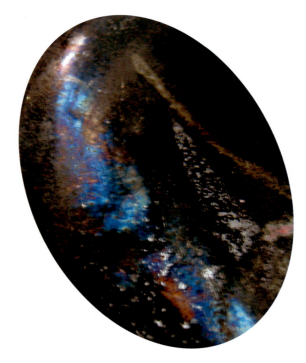

图 3-3 盏内的蓝色窑变

日本静嘉堂文库收藏的建盏上有很多卵形的油斑，油斑的四周有大量蓝色辉光。我们的树叶纹曜变黑釉碗上有没有卵形的油斑和周围的蓝色辉光呢？这是一个十分关键的问题。

我十分骄傲地告诉大家——有，而且十分漂亮，十分精彩!

因为日本保存在静嘉堂文库、大德寺龙光院和藤田美术馆的 3 只盏，油斑都呈卵形，而且色形浅黄而无光泽，我们树叶纹碗的油斑却十分美丽。

在树叶纹碗中有一个水滴形的金色油斑，（暂称水滴油斑）长径 1.7 毫米，油斑的中心有一个小小的深色核，也呈水滴形。在核的四周有金色的光晕，光晕外有深褐色的外缘，构成十分清晰的水滴油斑的轮廓，其外又是金色光晕。

水滴油斑和它内外的金色光晕都极其清晰地衬托在蓝色辉光里。

更有趣的是，在碗内注入清水以后，水滴油斑不单单是立刻色彩鲜艳，而且原本深褐色的小核，竟突然变成艳丽的蓝色（图 3-4）。

与此同时，大水滴外缘也出现了一周蓝色轮廓线和金色光晕，随着视角的慢慢改变，蓝线和光晕会渐渐变成银白色，发出耀眼的

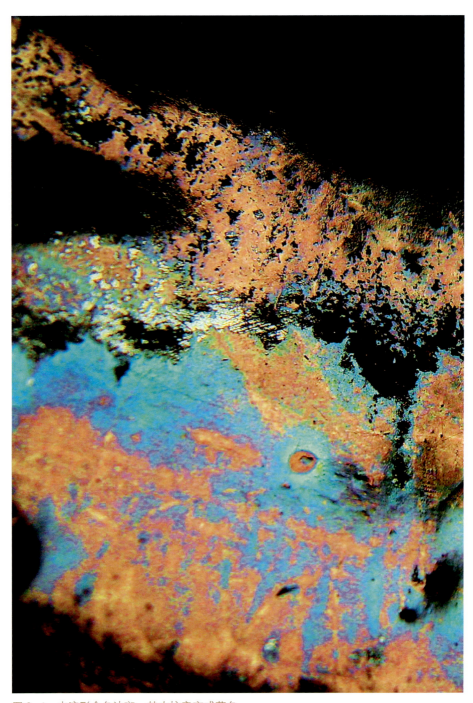

图 3-4　水滴形金色油斑，其内核竟变成蓝色

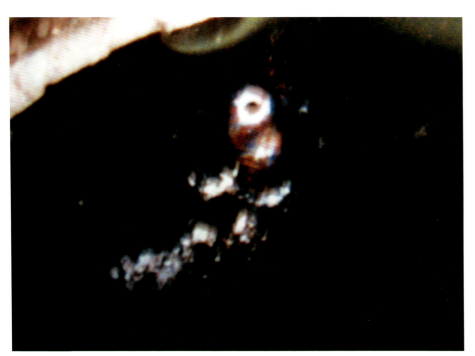

图 3-5 大水滴油斑外缘渐变成银白色，竟发出耀眼的光芒

光芒，仿佛日全食高悬中天（图 3-5）。

这样一个分层次、有多道色彩变化的金色油斑，好像一颗闪着奇光异彩的宝石被镶在丝绒般的蓝色辉光里，真是美丽极了，奇妙极了。

在距它不远处，还有一个彩色油斑，五彩缤纷，绚丽夺目，令人称绝（图 3-6）！

在碗内壁上还有一个直径 1.8 毫米的金色卵形油斑，它也有一个内核，呈腰子形。油斑的卵形轮廓线十分清晰，外有金光闪闪的光晕和湛蓝的辉光。

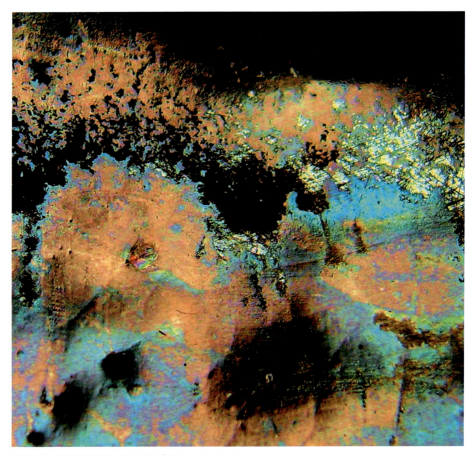

图 3-6 绚丽夺目的一颗彩色油斑

　　该油斑的内核在水下仍保持原有的金褐色，这同水滴油斑的内核在水下会变色完全不同（图 3-7）。

　　两个相距仅仅几厘米，又有同样颜色的油斑，却有两种不同的内核，看上去很有意思。

　　像这样近似圆形，外有蓝色辉光的金色油斑在碗的内壁上有几十个。除上面介绍的两个直径近 2 毫米外，其余的都比较小，它

图 3-7　金色卵形油斑的内核，在水下不改变颜色

们或单独存在，或三五集群，分布在碗内蓝色的辉光里，有的较清晰，有的较模糊，必须用放大镜在碗内迎光亮处反复变换角度和位置进行搜索，仔细观察才能看到，否则是看不到它们的真实面目的（图3-8）。

　　碗内的结晶釉有多种表象，最明显的而且占面积最多的是钢灰色结晶。

　　这种结晶无光泽，都是以无规则的斑点

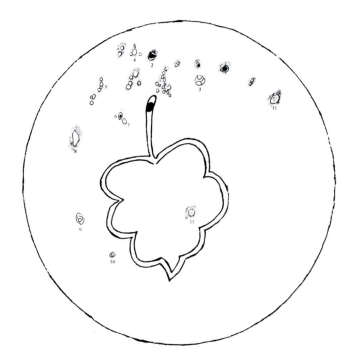

图 3-8　外有蓝色辉光的油斑分布图

注：碗内还有很多大大小小无规则的片状褐斑和灰黑色斑点，在大面积的蓝色
　　辉光中星罗棋布，无法绘入图中。

1. 水滴状金褐色油斑，外有蓝色光环，直径 1.7 毫米，内有圆形的深褐色核心。
2. 金褐色圆斑，外有蓝色光环，直径 1.8 毫米，内有腰果形核心。
3. 圆斑内有金黄、翠绿、玫瑰红、玫瑰紫等鲜艳色块，光照下艳丽迷人。圆
　 斑外无蓝色光环。
4. 蝌蚪形褐斑，长 4 毫米，宽 1.2 毫米，外有蓝色辉光。
5. 一组斑点，其中两个较圆，其余细长，外有蓝色辉光。
6. 褐斑有核，外有蓝色辉光。
7. 褐斑无核，外有蓝色辉光。
8. 三角形褐斑，长 6 毫米，宽 4.5 毫米，无核，外有蓝色辉光。
9. 圆形蓝色辉光，直径 3.7 毫米，内有半环形金色条斑。
10. 极小极高的银色光环，内有一个微小的深色斑点。
11. 圆斑，直径 2~2.5 毫米，五彩斑斓，极其艳丽，外有蓝色辉光。

状和片状出现，有的密度大，结成较厚的斑
块，遮住釉面的黑色。

　　这种斑块多聚集在碗内壁的上部和树叶
纹边缘，而且参差错落地相连，使灰斑与黑

色光亮的釉面交错间杂，显得釉面很不光洁。

其余都是分布比较疏朗的斑点和片状结晶。这些结晶罩在黑色釉面之上，构成了碗面薄薄的"轻纱"。这些钢灰色结晶无论从哪个角度看均无光泽。这是结晶的第一种。

第二种便是银白色的结晶。它金属光泽极强，散落在钢灰色结晶之中，有的成斑点状，有的成片状。它的数量比第一种要少得多。

第三种结晶是彩色圆斑。这种彩斑都是以圆形或近似圆形出现的，用10倍放大镜观察，它们都出现在无钢灰色结晶的黑釉表面，在反射光里，它们仿佛是半透明的薄膜，上面闪烁着奇异的彩光。以上的3种结晶体都在釉表之上。

第四种是极小的银环油斑。其内部的深色核心也是在釉表之上，而银色的光环却是融在釉面之中。

第五种便是与水滴形油斑同类的几十个更小的金黄色油斑。它们除去核心略微突出釉面（但绝不是结晶于釉面之上）而整个油斑包括光晕与光环均在釉表之内，需用放大镜在反光中不断地变换角度观察才能见到它美丽的色彩。有的油斑上有灰色结晶，见不到金属光泽，但四周有明显的蓝色晕环（图3-9、图3-10、图3-11、图3-12和图3-13）。

如此多品种、多色彩的油斑竟集于一器，不知日本收藏的曜变天目盏是否也是如此？

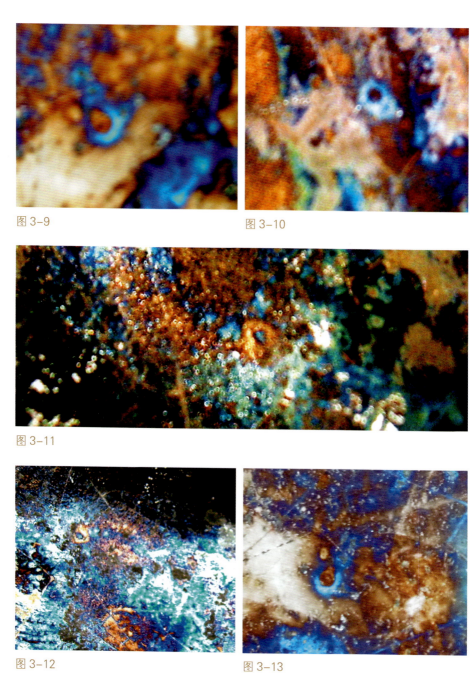

图 3-9

图 3-10

图 3-11

图 3-12

图 3-13

以上 5 图中，可见蓝色辉光里有大小、形状不同的油斑

比较与鉴别

　　人们常说："没有比较，便没有鉴别。"为了弄清这个发现是否正确，必须用该碗与日本静嘉堂文库收藏的曜变天目盏做比较。遗憾的是，由于地域所限，不能用实物进行比对，所以只好用照片与照片进行对比。

　　从照片上看，两者的油斑和四周的蓝色辉光可说看不出多大差别。我又将黑釉碗照片上的两个油斑及四周的蓝色辉光用剪刀剪下后，混贴于日本藏品的照片之上（图3-14），它们十分相似。

图 3-14　箭头所指是贴上的油斑图

如果不是有意剪出直线边缘，恐怕不熟悉的人一时还真难辨别出后加的油斑。

当然，在实物上两者肯定还是有很多细微的差别，但决不能因此而否定它们在"曜变"这一特性上的一致。因为，在日本收藏的4件曜变天目盏之间，也存在着不少的差别，这一点在日本学者的研究论文中已有详细介绍。

除了同日本的藏品进行比较之外，还有可供比较的参照物吗？比较的结果又是怎样的呢？

在我多年的寻觅、比较和与学者、藏友的研讨中，有了这样的认识：黑釉瓷器中釉面闪有蓝色辉光的器物虽然比较少，但绝不是凤毛麟角（图3-15）。

同样，黑色釉面上因窑变而使局部有斑斓虹彩的器物也不难寻觅（图3-16）。

用这两类瓷器与树叶纹曜变黑釉碗比较后，我发现在表征上它们有本质的不同。虽然上两类瓷器釉表都有蓝色辉光，也有大大小小的油斑或交融无序的彩斑，但它们的蓝色辉光与油斑或与彩斑两者是独立存在的，没有相互依存的关系。而树叶纹曜变黑釉碗就不是这样，它的油斑与紧紧围绕的辉环是相互依存的，仿佛日全食的太阳与四周的光环，没有太阳就没有光环。

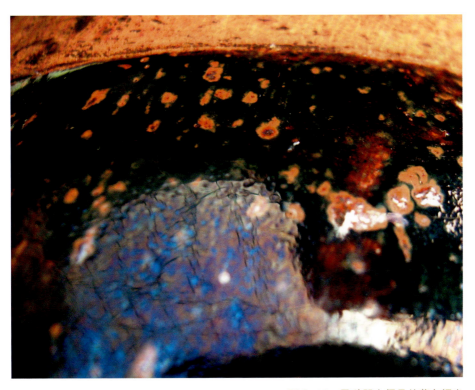

图3-15　黑釉器上偶见的蓝色辉光

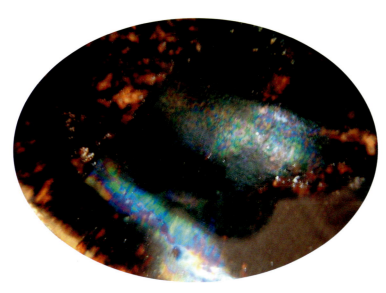

图3-16　黑釉器上的窑变虹彩

值得深入研讨的新课题

将树叶纹黑釉碗判定为曜变天目瓷，在我接触的藏友中就有人持不同看法。有人认为它只是一般的窑变，因为它仅有几个分散的油斑，那些集群的油斑又是很不明显地含在黑釉里，这与日本的藏品不同。

也有人认为油斑不应该有光泽，因为日本藏品的油斑是没有光泽的。

更有人认为曜变天目是建窑瓷的一个品种，此碗不是建窑器，怎么可以说是曜变天目呢？

对于这些问题过去不管我怎样解释都是苍白无力的，因为那时还不知有古窑址发现了曜变天目瓷残片，拿不出有力的旁证加以证明。也正因为这个原因，对此碗是曜变天目瓷的判定没人敢认可，我写的介绍文稿也四处碰壁。其实，这也怨不得别人，因为一件完整的曜变天目古瓷可是国宝啊！我国目前一件都没有！这么重大的事情当然谁也不敢轻易肯定。

现在好了，在重庆的涂山窑址发现了一些虹彩瓷瓷片和曜变纹瓷片，并在《东方收藏》杂志2010年第4期发表了多幅彩照和介绍文章。

对比之下，不难看出，本人收藏的浅腹碗即是曜变天目碗，确凿无误了。那么，日本独有此类瓷器的历史应当改写了，这也为我国进一步研究曜变天目瓷提供了一件完整器的实物资料。

除了这些判定上的争议之外，这只树叶纹曜变天目碗还有很多待解之谜需要进行深入的研究和探讨。

如在两件碗内均有树叶纹，似用毛笔蘸草木灰浆液绘画在胎体的釉药上，经高温后熔于黑釉之中的。但是，在树叶纹上居然有大小不等的深红色斑痕，迎光观察，这些红斑却表面失釉，很像是焙烧过程中有覆盖物吸附釉液后脱落，致使露胎。这种现象在其他瓷器上从未见到过。斑痕为什么是红色？其生产工艺与吉州窑产品有何异同？

又如，碗内金色油斑竟有美丽的色环，这与油滴在形成机理上有何不同？

再如，在该碗的黑色釉面上有面积不等的钢灰色和银白的结晶层，而其余的釉面除正视时为黑色外，迎光侧视时，便随视角的改变而闪现碧蓝色，又时而闪现金黄色、深褐色、绛紫色等变换的色彩，明亮美丽，流光四溢，令人痴迷，这又是为什么？

尤其令人费解的还有两点：

一是成品出窑后，碗内细小的三足支钉痕被仔细打磨过，碗口和外壁也都被窑工仔细打磨过。

在碗的外壁上，可见磨掉薄釉后露出胎骨的小斑点。有的地方，因釉面表层被磨掉，在放大镜下可见釉中清晰的气泡凹孔。

此碗磨工极精细，除碗口一两处外，其余被打磨的地方在放大镜下竟找不出磨痕。

对这样两件"粗陋"的黑釉器如此精心打磨，这不能不令人惊奇，缘何如此？

二是在一只碗的碗口外沿发现有约1平方厘米的补釉，在放大镜下可清楚地看到补釉的边缘，釉面也与原釉不同。为什么要补釉复烧，这一发现的意义何在？

初见此碗的人，无不视其为普普通通的民窑黑釉器，将其归入粗瓷陋碗之列。然而就是这样"貌不惊人"的黑瓷"陋碗"，却内施彩绘、精心打磨，甚至又补釉复烧，这种种有别于民窑黑釉瓷的加工工艺和独具的美妙奇异辉光，岂可容人等闲视之！

两只古碗的生产年代和窑口，目前还没有肯定的结论。有人做了大胆的揣测：五代御窑！究竟是不是臆测妄断，是值得人们认真研讨的。

4

千古流芳赞香瓷

很多古代器物可以世代流传，如原始社会的石器，新石器时代的陶器、玉器，春秋战国的青铜器、漆器、锦帛以及瓷器、金银器乃至木器等。但有些东西却随着时光的流逝而消失，如唐代妇女使用过的头油、香脂之类的化妆品，现在已经找不到了。至于它们的构成原料以及芳香的气味则更是无从知晓。

值得庆幸的是，本人藏有一件香瓷，它是一只唐代的小罐，此罐能散发出一种浓郁的气味，由于年代久远，气味浓重而怪异，几乎分辨不出它是香气。

何为香瓷？

寂园叟陈浏所著的《陶雅》一书中《瓷香馆记》载："昔南田草衣有瓯香馆居，常不得其解说，云茶香者非也。辛卯岁，余家草帽胡同，得一苹果绿之印盒，盛以檀匣，袭以锦囊，已而发异香，非兰非麝，盖瓷香也。嘻异哉。"

寂园叟又说："香瓷种类不一，凡泥浆胎骨者发香较多，瓷胎亦偶一有之。""香瓷最不易得，有土胎香者，有泥浆胎香者，有瓷胎香者，此自然之古香也。有藏香胎者，有沉香胎者，有各种香胎者，此人工之香也，然亦稀世之珍。有梳头油香者，古宫奁具虽颇伤大雅，却别有一种风流佳话。"

由以上记载可知，所谓香瓷，即因久储香脂香料，瓷胎浸入香质，久而久之瓷亦散发香气，遂成香瓷。

20世纪90年代初，我得到此罐时并不知道是香瓷，只知有一种较浓的不讨人喜欢的怪气味，我原以为是盛过酱菜、调料之类的旧罐子，便毫不在意地放在柜架上。

收藏十多年间，因此罐古朴典雅，釉色浓重莹润，罐体又有斑斑驳驳的岁月沧桑感，我偶有赏玩，但却一直不知是香瓷。

记得过了很久我都没再去碰它。

有一次我闲来无事，便从旧盒子里把它拿出来消闲把玩（以前没放在盒子里），无意间竟闻到一种奇异的香味，原来是从那旧盒子里散发出来的，这使我惊愕不已。

经反复观察印证，那浓重的奇香竟是从黑釉罐里发出来的。香瓷！这时我才恍然大悟，笔者认为此罐便是《陶雅》中所说的极难得的香瓷。

家藏又多一奇珍，岂不美哉。

此罐在气味稀释散发时才能闻出异香，可想当年一定长期盛放过妇女用的梳头油或香脂之类的化妆品。

静心赏玩此罐，那盛唐气韵，千古遗香，会引发你无限遐想。

此罐高7.2厘米；口径7.1厘米；足径6.3厘米。直口圆唇，短颈丰肩，弧腹，腹下内

图4-1 此罐高7.2厘米；口径7.1厘米；足径6.3厘米。
直口圆唇，短颈丰肩，弧腹，腹下内收，假圈足

图4-2 平底微内凹，上有斑驳的化妆土

收，假圈足。外施酱黑色釉，釉汁光亮莹润，
施釉不到底，罐内满施浅褐色釉（图4-1和
图4-2）。

图4-3　罐内满施浅褐色釉、罐口和内壁上有很多地方釉
层剥落，是由于长年使用匙具磕碰所致

　　此罐有极明显的长期使用过的痕迹，罐口和内壁上很多地方釉层剥落，是由于长年使用匙具磕碰所致（图4-3）。

　　罐外釉层和化妆土也有剥落，满眼古旧沧桑之相（图4-4）。

　　在罐的外壁肩下部位，戳印有"东都体仁堂"阴文楷体款识，字体丰满，笔力遒劲。其中"东都"两字字体较小，加之积釉较多，辨认稍感困难，但不失大体轮廓

图 4-4　罐外壁上釉层和化妆土有剥落，多处露
　　　　胎、满眼古旧沧桑之相

（图 4-5）。

据史料记载，唐显庆二年（公元 657 年）改称东京洛阳为东都，由此可知，此罐上的"东都"即指洛阳。此罐从器形、胎釉及加工工艺来看，它的生产年代当是唐代。

那么，"体仁堂"又指何而言呢？会不会是皇宫里的殿堂名称？经查阅史料，唐代洛阳皇城内无此殿堂名。由此看来，"东都体仁堂"很可能是商号名称了。

图 4-5　外壁肩下戳印有"东都体仁堂"阴文楷体款识，字体丰满，笔力遒劲

以戳印方式在盛放商品的瓷罐上标出商号名称，这是惯例，本人曾见过戳印"某地某某酱园"的瓷罐，其印文排列方式及压印位置与此罐基本相同。这种做法起源于何时还无从考证，但是否有早于此罐的这类款识目前尚未见到。

如果"东都体仁堂"确是商号名称，那么依据现在商店名称属性的规律推论，它很可能是唐代洛阳城里中药铺的名称。由此笔者是否可以这样推测：唐代妇女所使用的香脂、头油之类的化妆品，那时竟然是由中药铺来生产和销售的，这真是令人意想不到的事情。

此罐除供我们观赏把玩和提供研究唐代窑业生产的信息之外，同时还带来唐代药业和化妆品业的信息，这应是另一收获。

此罐的款识字体是正楷，这在唐代瓷器中恐是首例。

此罐盛放过的唐代化妆品是由哪些香料制成的？现在我们是否可以生产出同样产品？恐怕这是生产化妆品的公司或厂家最感兴趣的事情，因为从此罐中可以检测出其香料的配方。

如果某化妆品开发机构从千年古方中开发出"古瓷香"系列化妆品，它将给开发者带来怎样的商机和利润，我想这是具有远见卓识的企业家才能估量出来的。

5

美哉秘色瓷盏

越窑是我国历史上最早的一个瓷窑，从唐代到北宋，浙江青瓷窑业形成了一个辉煌的越窑时代，其间最杰出的成就便是烧制出精美绝伦的"秘色瓷"。

何为秘色瓷？

最初人们的认识只局限于唐代以来文献中的记载：

"越上秘色器，钱氏有国日供奉之物，不得臣下用，故曰'秘色'。"（南宋人周辉《清波杂志》）。

"……末俗尚靡，不贵金玉，而贵铜磁，遂有秘色窑器，世言钱氏有国日越州烧进，不得臣庶用，故云'秘色'。"（南宋人叶寘《坦斋笔衡》）。

直到20世纪20年代开始对瓷窑进行科学考察，特别是1987年陕西扶风法门寺唐代地宫发现有明确记录的十几件秘色瓷以后，人们对品质高雅、如冰似玉的秘色瓷才有了更清楚的认识。

"九秋风露越窑开，夺得千峰翠色来。"唐代诗人陆龟蒙在《秘色越器》诗中赞美秘色瓷的诗句已为人们所熟知，而且有人将"峰翠"二字作为秘色瓷的代称，这便形象地概括出秘色瓷独具的迷人釉色。

唐代很多文人学士对秘色瓷都十分青睐，纷纷吟诗作赋，对其胎骨、釉色、造型给予

5

美哉秘色瓷盏

了尽情的赞美：

施肩吾《蜀茗词》"越盏初盛蜀茗新，薄烟轻处搅来匀"、皮日修《茶瓯》诗"圆似月魂堕，轻如云魄起"以及顾况《茶赋》"越泥似玉之瓯"都是赞美青瓷的名句。茶圣陆羽在《茶经》中对越窑做了"类玉""类冰"的描述。

五代时期，瓷业生产在唐代的基础上继续发展，达到空前的繁荣，产品质量可说独步天下，其中最优秀的便是美轮美奂的秘色瓷。

晚唐、五代的越窑青瓷在装饰上有刻花、划花等多种手法，但印花器却十分少见。就目前仅见的资料看，只有模印于盏内底的云鹤纹、鱼纹等，而在器物外壁做模印装饰的瓷器却一直未见。

这只在盏外壁模印莲瓣纹的五代莲花盏与托具（图 5-1），给我们提供了进一步认识和深入研究越窑秘色瓷的实物资料。

此托盏通高 9.5 厘米，盏口径 9.42 厘米，敞口深腹，外壁模印三重凸莲瓣纹，盏壁轻薄，壁厚 0.37 厘米。

托具翻沿，沿面上印有双重凸莲瓣纹，托具口径 10.62 厘米，浅腹，腹与盏外底相连。圈足呈倒置喇叭状，足径 6.17 厘米，胫部有 8 个三角形镂孔。

图 5-1　托盏通高 9.5 厘米，盏口径 9.42 厘米，敞口深腹，外壁模印三重凸莲瓣纹

盏与托具连为一体，宛如一朵出水的莲花，精巧玲珑，轻盈可爱。

托盏通体施青釉，足端平切，外侧刮釉泛火石红色，可见浅灰色胎骨，胎质细腻坚致（图 5-2）。

晚唐闽人徐夤有《贡余秘色茶盏》诗："捩翠融青瑞色新，陶成先得贡吾君。巧

图 5-2　足端平切，外侧泛火石红色

剜明月染春水，轻旋薄冰盛绿云。古镜破苔
当席上，嫩荷涵露别江渍。中山竹叶醅初发，
多病那堪中十分？"

　　现在人们在引用此诗时最多的是用以说
明秘色瓷产品的主要去向："陶成先得贡吾
君"，即秘色瓷首先作为贡奉之用，而诗名中
"贡余"二字的"余"字却很少有人予以特别
的关注。

　　其实秘色瓷在生产出来以后，除去选出精
品作为贡奉之外，其余的尽管数量极少，但还
是可以流入社会的，不然徐夤何以能见到实
物并明确交代所见者即"贡余"秘色茶盏。

　　这样的事情在宋代专为宫廷烧造汝瓷时
不也有过吗？周辉《清波杂志》说："汝窑，

宫禁中烧者，内有玛瑙末为油，唯供御拣退，方许出卖，近尤难得。"

由此不难看出："贡余"也好，"近尤难得"也好，人们总还是有机会得到瓷器实物的。

这件托盏因为生烧的缘故，被拣退而弃之，成了漏网之鱼，不然今日何以得见。

全器釉色青绿微黄，由于焙烧温度稍欠，致使盏和托体大部分釉面未能充分玻化，看上去木然无光。在喇叭形托足的内底上又可见许多因窑温稍欠而形成的小釉泡（图5-3）；而另一些地方，釉面已被玻化，呈现明亮光滑的青白釉色。

尤其是在盏口内外一周，含青闪黄的月白色釉颇有"脱口垂足郎不流"的灯草口韵

图5-3　足内底有很多釉泡

味，藏友戏称其为"灯草口之鼻祖"。

在托具上也多处出现明亮的月白色，与整体青绿色形成鲜明的色差。

越窑的结构是龙窑，瓷器在窑内放置的位置不同，所受的温度也不同，烧成后会出现深浅不一的釉色。这种不一致的釉色变化，甚至在同一件瓷器的不同部位也会有不同呈色。

这便是该盏形成"灯草口"等不同色差的原因（图5-4）。

由于生烧的原因，致使该盏的外壁有两处釉色有明显的色差变化，它竟会使你产生无限联想。

当你静下心来，一个人坐在那里默默地

图 5-4　已玻化的釉面与欠火候的盏体，形成明显的色差

观赏这件古瓷，并用心灵去与古瓷和古人交流的时候，你会惊奇地发现，在这土与火的自然造化中，莲瓣纹盏的盏壁上竟幻化出意想不到的奇妙。

在月白色的"灯草口"与青绿色的莲瓣之间，釉色渐变出一条苍青的色带，这色带不由让你想象为深邃的苍穹，它为全器平添了许多凝重、肃穆与神秘；另外在每个莲瓣外沿轮廓线的积釉处，釉色变成浅碧色，比青绿色的莲瓣浅淡许多，又仿佛给莲瓣罩上了一轮明亮的光环，竟使每个莲瓣在苍青的色带映衬下，犹如在深邃的苍穹里都发出熠熠的佛光，令整器幻化出俨如一尊佛祖的"须弥宝座"（图5-5）。

图5-5 俨如一尊佛祖的"须弥宝座"

莲花是佛教艺术题材之一。我见过很多以莲瓣为饰的瓷器，但窑火使这件莲花盏的釉色变化得如此绝妙，如此神奇，竟与佛法暗合！这的确是绝无仅有的见闻。

该器不仅以其为秘色瓷而弥足珍贵，也不仅因独具的印花装饰而存世无双，更以其与佛法暗合之窑变，成为又一珍瓷。

"秘色"一称的由来，文献已有记载，今睹此器，或许能悟出一些新的诠释？至于对"听得松风并涧水，急呼缥色绿瓷杯""金棱含宝盏之光，秘色抱青瓷之响"等赞语中的"缥色""秘色"乃至香草的"艾色"，自会有更直接的了解。

该器历经千载，遍体土锈，在较厚的土锈下面，有金黄色的细碎片纹，使得全器在青绿的釉色里泛出黄色。还有几条暗红色的短纹如短袜线，蜿蜒曲折地隐藏在土锈之下。"纹如袜线短细而屈曲者谓之断线纹，唐窑有之。蟠屈粗拙者曰蚯蚓走泥印，宋窑有之。"《陶雅》中所言唐代瓷器断线纹，当指此类片纹。在局部釉面上，还偶见土红色的浸斑尤为醒目。

总之，全器散发着浓郁的沧桑古韵，耐人寻味；唐代盛世的遗风更引发人无限的联想。

1957 年在江苏苏州虎丘塔出土了一件五

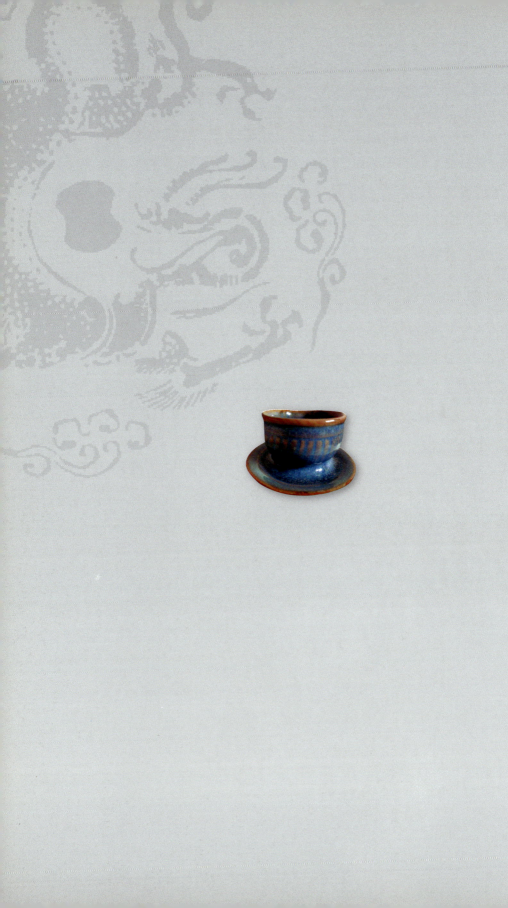

6

紫定填绿彩瓶

　　两个五代"秘色族"的"俊男"与"靓女"竟在当今会面了！这里莫非有一段"千年等一回"的不了情缘？……

　　美哉，秘色古瓷。

　　美哉，老眼昏花赏瓷之乐！

代越窑刻莲花盏与托具，造型优美，釉质莹润，是五代越窑的精品（图5-6）。

本书介绍的这件瓷器在器形上与之一样，只是尺寸略小些，有窑变釉色。两器一为刻花一为印花，同样小巧玲珑、精美秀丽、古色古香，令人赏心悦目。

可笑老朽灯下赏瓷，老眼昏花，恍惚间视其为二人：

一为从苏州而来的潇洒倜傥之雅士；一为现居京城的婀娜多姿之佳人。

图5-6　1957年在江苏苏州虎丘塔出土的五代越窑精品

图 6-2　釉面上疏密不等的银白色结晶斑

图 6-3　釉面上有清晰的涕泪痕

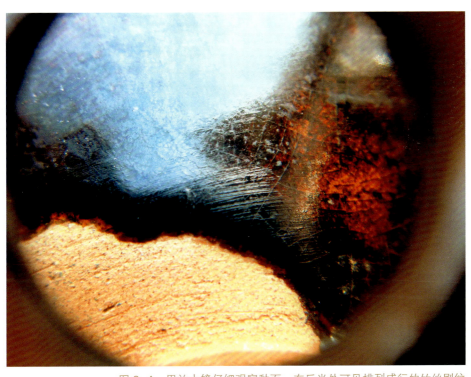

图 6-4　用放大镜仔细观察釉面，在反光处可见排列成行的竹丝刷纹

图6-5　在叶片下部的边缘露出少许鲜艳的绿色，在紫红色釉
　　　　的衬托下，尤显娇艳可爱

　　此瓶的窑变釉色尤为华美，在瓶体上可见美丽的五彩虹光。特别是在叶形贴塑上，当你用10倍放大镜仔细观察釉面时，在反光的釉面上可见两种结晶斑：

　　一种是圆形，呈菊花状，它们或单独呈现或三五集群，在光照下，有的折射出金黄色，有的是银白色，小巧奇美，十分可爱（图6-6）；

　　另一种是不规则的银白色圆斑，每一个都各自独立，银光闪闪（图6-7）。

　　最令人赞叹不已的是，其中一叶贴塑仿佛被镀上一层金属膜，树叶变成银黄色，宝

图6-6　圆形，呈菊花状，或单独或三五集群的结晶斑

图6-7　不规则的银白色圆斑，各自独立，银光闪闪

光闪烁，夺人眼目，令人爱不释手。

　　白胎、涕泪痕和竹丝刷纹，是典型的古代定窑的特征。此瓶这些特征都十分明显，从器型和贴花装饰手法看，应为晚唐或宋代

早期仿金银器产品。

《南窑笔记》介绍定窑时这样讲："出北宋定州造者，白泥素釉，有涕泪痕者佳，有印花、拱花、堆花三种，名定州花瓷是也。"这件贴花绿彩瓶当属定州花瓷。

关于定窑的绿色釉瓷器，古代文献没有详细记载，仅在《南窑笔记》中有"间有花纹内填彩绿色者"10个字的简述。

"花纹内填彩绿色者"的定瓷，过去未见有关此类实物的报道，现在此瓶正是花纹内填有绿彩的定瓷，可证《南窑笔记》所言无误。

紫定、绿定本就十分珍稀，而紫绿两色集于一身的定器，则更是闻所未闻。此瓶面世，为深入认识和研究定瓷提供了新的实物资料。

定瓷中还有一种如苏东坡诗中赞美的"定州花瓷琢红玉"的红定。周辉的《清波杂志》、蒋祈的《陶记略》都有记载。但过去一直未见到红定作品。

《清波杂志》云：景德镇瓷器窑变"色红如朱砂""比之定州红瓷，色尤鲜明。"景德镇窑变瓷乃铜红釉，其色自然鲜明。此瓶的着色剂为氧化铁，釉色紫红，与之相比自然色暗。因此，有的藏友认为此瓶即是红定。

在我国陶瓷史上有很多待解之谜需人们去破解，如柴窑问题、哥窑窑址问题等。红定尚无实物可考亦是一谜。

笔者不揣浅陋，把对此贴花填绿彩瓶的拙见写出来，被爱好古瓷收藏的朋友认同也好、贻笑大方也好，均不足怪，因为笔者本不是研究陶瓷的专业人士，其愿望是想与大家共赏、共识、共解古瓷之谜。

人们常希望老年人"老有所学、老有所乐、老有所为。"

笔者不怕丢丑，把对古瓷的"所学""所乐"大胆地写出来，权当"有所为"吧。

笔者的发现和浅见如能对我国古陶瓷研究工作有些许帮助，当慰吾心，亦慰于后人。

6

紫定填绿彩瓶

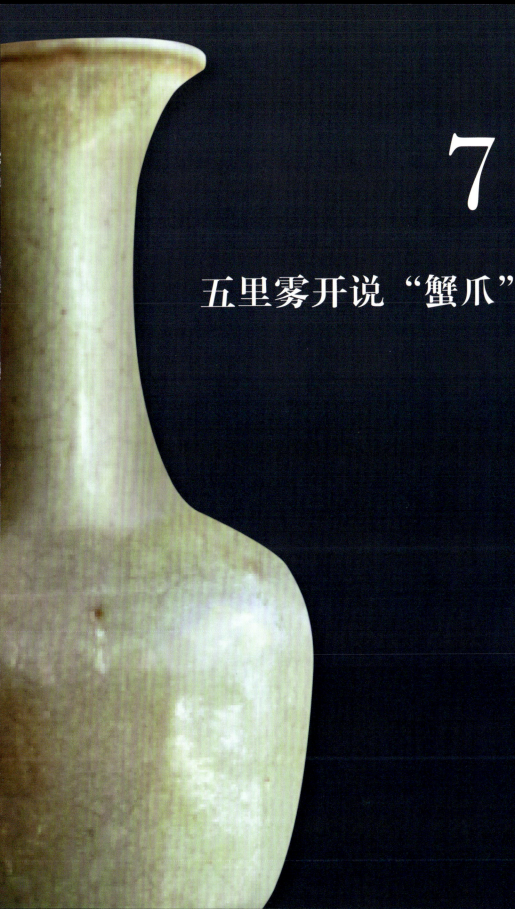

7

五里雾开说"蟹爪"

汝窑是我国宋代五大名窑之一，位于河南省宝丰县大营镇清凉寺，以产青瓷著称，且为历朝青瓷之首。

明代高濂在《遵生八笺》中讲述汝瓷特点时说："其色卵白，汁水莹厚如堆脂，然汁中棕眼隐起若蟹爪，底有芝麻细小挣钉。"

棕眼，是陶瓷制品釉面出现的无釉小孔，圆圆的，高濂却把汝瓷的棕眼说成"若蟹爪"。无独有偶，《清秘藏》一书的作者张应文亦如是说。棕眼本是小圆孔，怎么会像蟹爪呢？实在让人无法理解。

几百年来，我国陶瓷界的专家学者乃至广大陶瓷收藏爱好者，都对汝瓷"汁中棕眼隐起若蟹爪"的说法不知所云。《中国陶瓷史》（中国硅酸盐学会编）竟将这一说法完全予以否定：

"《格古要论》说'有蟹爪纹者真，无纹者尤好。'《遵生八笺》及《清秘藏》二书又据此加以引申，说'汁中棕眼隐起若蟹爪'，这就使人难以理解，棕眼本来是釉面上一种缺陷，小小的如棕毛孔大小的棕点又怎能隐起若蟹爪！高濂没有理解曹昭关于蟹爪纹的原意，因此错误地予以引申，以致使人如坠五里雾中。"

《中国陶瓷史》的编者之所以对高濂的说法予以否定，是他们认为高濂错误地引申了曹昭的观点，说难听点，即高濂在随意妄说！

以致使人如坠五里雾中。

本人也在五里雾中坠入多年。有时我想，假如高濂不是引申曹昭的观点，而是他亲眼见过"汁中棕眼隐起若蟹爪"的汝瓷，那么《中国陶瓷史》又当做何结论呢？

其实，高濂所讲的"其色卵白""汁水莹厚如堆脂""底有芝麻细小挣钉"，都是汝瓷的典型特征，准确无误！可为什么他单把汝瓷棕眼说成是"隐起若蟹爪"呢？我想他一定是亲眼见过棕眼如蟹爪的汝瓷才这样说，绝不会在此妄说。

再有《清秘藏》的作者张应文，如果不是人云亦云、随声附和之辈，应该也是见过"汁中棕眼隐起若蟹爪"的汝瓷，于是赞同了高濂之说。

汝瓷的"汁中棕眼隐起若蟹爪"一说，几百年来成为陶瓷界不解之谜，其原因是人们都在五里雾中，所见到的汝瓷上，棕眼均无蟹爪状。

那么，有没有棕眼隐起若蟹爪状的汝瓷呢？让我们拨开五里雾霾，看看棕眼隐起若蟹爪的汝瓷吧。

此汝窑纸槌瓶高 17 厘米，口径 6.2 厘米，底径 7.1 厘米。天青色，釉莹厚，通体开细密纹片，底足有三个较大的支钉痕，香灰胎（图 7–1 和图 7–2）。

图 7-1　汝窑纸槌瓶高 17 厘米，口径 6.2 厘米，底
径 7.1 厘米

图 7-2　瓶底上的三个大支钉痕

高濂说："汁中棕眼隐起若蟹爪。"这话是说汝瓷的棕眼就像螃蟹的尖爪起落行进时留下的凹坑与划痕一样。从这只汝窑瓷瓶上，能十分清楚地看到"汁中棕眼"是如何"隐起若蟹爪"的（图7-3和图7-4）！

图 7-3

图 7-4

从此两图上可见"汁中棕眼隐起若蟹爪"

蟹爪？当你看到此瓶如蟹爪的棕眼时，必有强烈的愿望想看一看真正的螃蟹在行进中留下的痕迹，以判定"汁中棕眼隐起若蟹爪"之说是否可信。这一愿望本人也强烈地产生过，于是便买来小蟹让它在泥沼中爬行，结果怎样呢？请看照片（图7–5、图7–6和图7–7）。

图 7–5

图 7–6

图 7–7

从此三图中可见真正的小蟹在泥沼中
爬行的痕迹

不难看出，真正的蟹爪之痕在细微处与此纸槌瓶上的棕眼稍有差别，但大体的形状还是一致的，因此高濂特意在"蟹爪"二字前用一"若"字。

过去曾有汝瓷不足百件之说，但那只是统计了各著名博物馆和知名人士的藏品，随着时代的发展，改革开放政策深入人心，民间收藏的汝瓷精品乃至汝瓷瓷片，也时常有人将其公之于世。

在我所见到的汝瓷及瓷片的图录中，仅找到一例"汁中棕眼隐起若蟹爪"的汝瓷，而且是一块瓷片（图7-9）。该图翻拍于赵文军、赵文斌著《汝窑》（文汇出版社，2002年1月版）

将图7-8与图7-9作比较，两瓷的"汁

图 7-8

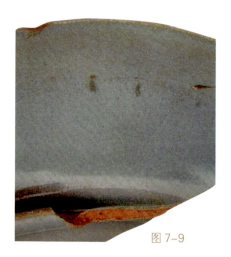

图 7-9

两瓷的"汁中棕眼隐起若蟹爪"几乎完全一样

中棕眼隐起若蟹爪"几乎完全一样。

这说明，"汁中棕眼隐起若蟹爪"的汝瓷虽然稀少，但在窑址的瓷片中还是可以找到它的踪迹的。

非常遗憾，因为身体等原因笔者不能亲自去窑址寻觅了，但愿对此有兴趣的人能找到更多的实物，来为高濂之说增添新的佐证。

过去我读《陈万里陶瓷考古文集》时，在《汝窑的我见》一文中，先生引用了《汝州志》里孙灏的诗句：

"官哥配汝非汝俦，声价当时压定州。"
"皿虫为蛊物之蠹，人巧久绝天难留。金盘玉碗世称宝，翻从泥土求精巧。窑空烟冷其奈何，野煤春年古原草。"

此诗讲了汝窑的兴衰，其中"皿虫为蛊物之蠹"句，让人百思不得其解："皿虫"？世上有专门吃瓷器的虫子吗？吃汝瓷的虫子又是什么样子的呢？按诗中的说法这是一种很厉害的毒虫，它能把汝瓷蛀蚀！

当然，这种虫子肯定是没有的，孙灏是在用比喻手法描述汝瓷釉面的特征。但这是怎样的特征呢？在传世的汝瓷上人们见不到有虫子在蛀蚀瓷器的样子，这也是个待解之谜。

不用赘述，读者见图7-10和图7-11，其

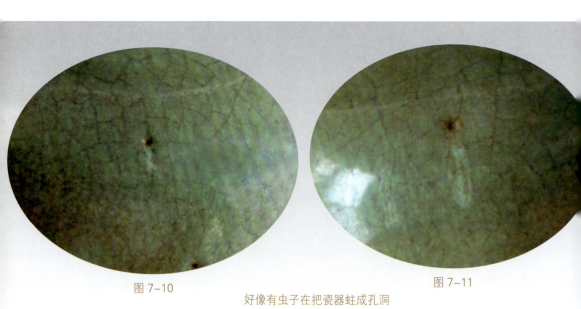

图 7-10

好像有虫子在把瓷器蛀成孔洞

图 7-11

谜自解：原来诗中讲的是宋汝瓷的棕眼特征：好像有虫子在把瓷器蛀成孔洞！

这只汝窑纸槌瓶，除"汁中棕眼隐起若蟹爪"外，其瓷釉较厚，扣之高低不平，正如高濂所言："汁水莹厚如堆脂"（图7-12）。

很多人把汝窑瓷的"汁水莹厚如堆脂"理解为釉面上有高于釉面的垂釉堆积。其实，从此瓶来看，汝瓷的瓷釉十分凝厚，无垂流现象，且因釉面有凹凸不平感——"莹厚如堆脂"，很像我们生活中常见的猪油冷却后的表面（图7-13）。

南宋人周辉《清波杂志》云："汝窑宫中

图 7-12　瓷釉较厚，扣之高低不平，正如高濂所言："汁水莹厚如堆脂"

图 7-13　此瓶的瓷釉十分凝厚，有凹凸不平感，很像我们生活中常见的猪油冷却后的表面

禁烧。内有玛瑙为釉……"此瓶在口唇边沿的釉面上有玛瑙的结晶体，闪现出金色耀眼的光芒（图 7-14）。

　　口沿和底足釉面上的结晶被放大后，可见黄绿红等美丽的色彩（图 7-15 和图 7-16）。

　　此汝窑纸槌瓶与各大博物馆及民间收藏

图 7-14　口沿闪现出金色耀眼的光芒

图 7-15　放大镜下的口沿处结晶

图 7-16　口沿和底足釉面上的结晶在放大镜下，可
　　　　　见美丽的色彩

的汝窑盘口瓶相比较，有下列不同。

（1）此瓶器型较小，高仅为17厘米，而传世品大多在22—24厘米之间，有的竟高达32厘米，此瓶瓶口与瓶底均远小于传世品。

（2）此瓶口径为6.2厘米，而且口沿外敞，与传世的盘口瓶口沿平直不同。

（3）此瓶虽满釉支烧，但支钉痕却与"底有芝麻细小挣钉"相去甚远。

总体看，此瓶不如传世的汝瓷盘口瓶大气、端庄，瓷釉也不够匀净。

宋人叶寘《坦斋笔衡》云："本朝以定州白瓷有芒不堪用，遂命汝州造青瓷器。故河北唐、邓、耀州悉有之，汝窑为魁。"由此可证，在宋代官汝窑未建之前，汝窑曾一度专门为北宋宫廷烧制贡瓷。

南宋人周辉《清波杂志》云："汝窑宫中禁烧，内有玛瑙为釉，唯供御拣退方许出卖。近尤难得！"

本书介绍的这只汝窑纸槌瓶，不仅在型制上与传世盘口瓶有差别，而且所用支钉也不同，所以我认为很有可能是官汝窑厂未建之前的贡瓷，但因有瑕疵而被"供御拣退"，成为"方许出卖，近尤难得"之品。

传世的众多官汝瓷中，均不见"汁中棕眼隐起若蟹爪"。可见在民窑烧制贡瓷的过程中不断地改进生产工艺，乃至官窑建立以后，这种"汁中棕眼隐起若蟹爪"的瑕疵在汝瓷上便不复存在了。后人所见者，均为器形秀美、工艺精湛、光亮温润的官汝瓷，找不到瑕疵，自然对高濂之说便如坠五里雾中。

今有此汝窑纸槌瓶面世，汝瓷的"汁中棕眼隐起若蟹爪"之谜应随之而解了。

五里雾散开！人们从中走出来。

《中国陶瓷史》对高濂、张应文二人的错误猜测，也理应予以纠正。

8

青瓷托盏 "鸳鸯" 对儿

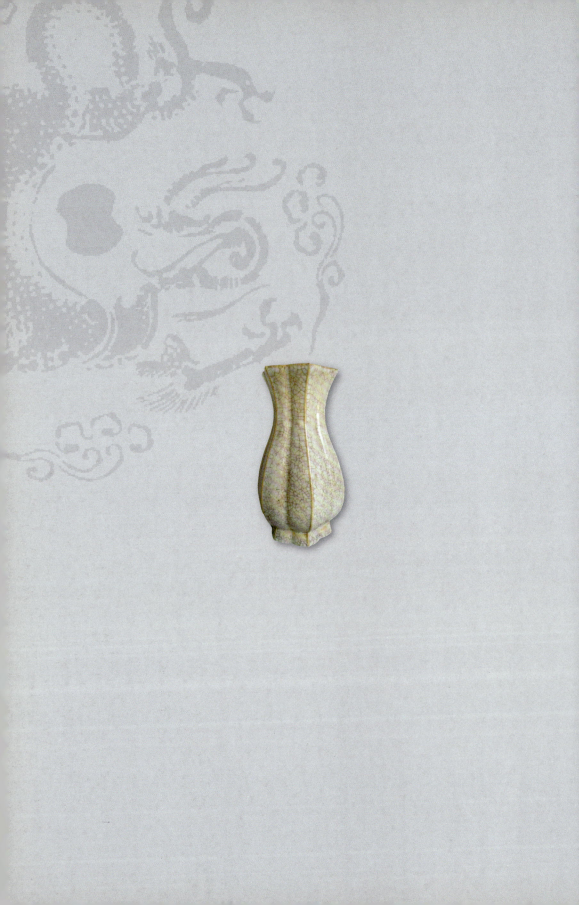

"柴、汝、官、哥、定"，历来被称做宋代五大名窑。长期以来，由于柴窑只在文献上有记载而无实物存世，人们便把钧窑列入其中，于是五大名窑便是"汝、官、哥、定、钧"了。

钧窑窑址在今河南禹县，古时这里属钧州，因以地命名，故称钧窑。

钧窑利用铁、铜呈色不同的特点，在还原的气氛中烧成铜红釉，使其呈现出理想的玫瑰紫、海棠红、火焰青、火焰红、茄皮紫、朱砂红、天青、月白等釉色。

宋钧瓷具有釉质乳浊，釉层纹理深沉，釉面流动的特点。由于在烧制过程中形成二液相分相釉，使釉层出现奇妙无比的窑变。人们常用"入窑一色，出窑万彩"来形容钧瓷变幻莫测的彩釉。

这里介绍的是一只宋代钧窑玫瑰紫釉托盏（图8-1）。

此托盏通高9.9厘米，口径9.8厘米，足径6.2厘米。盏与托连体，盏外印有三重莲瓣纹，在放大镜下可见密集细小的棕眼；托为花口，外翻，上印双重莲瓣纹；足呈倒置的喇叭形，足胫上有8个三角形镂孔。

此托盏的体外施凝厚乳浊的玫瑰紫色釉，上有缕丝样的网状流釉，色如朱砂，十分红艳夺目（图8-2）。

图 8-1　托盏通高 9.9 厘米，口径 9.8 厘米，足径 6.2 厘米，盏与托连体

在网状的红色流隙里，间有浓淡不一的月白色垂斑（图 8-3）和绿色斑点（图 8-4）。

整器看去，这些斑点宛如在玫瑰紫的丝绒上点缀了无数月白和绿色的图案，对比鲜明、色彩艳丽，惹人喜爱。

盏内和托具内均施天蓝色釉（图 8-5）。

整器施釉不到底，圈足涂酱黄色汁水，足底可见数块"蟹甲壳"色青釉（图 8-6 和图 8-7）。

此宋代钧窑玫瑰紫釉托盏，釉质肥厚莹

图 8-2 盏体外有缕丝样的网
　　　状流釉，色如朱砂

图 8-3 网状的红色流隙里，间有
　　　浓淡不一的月白色垂斑

图 8-4 网状的红色流隙间有绿色斑点

图 8-5　盏内和托具内均施天蓝色釉

图 8-6

图 8-7

图 8-6、图 8-7 中可见圈足涂酱黄色汁水，足底上有数块"蟹甲壳"色青釉

润，釉彩艳丽华美，精光内蕴小巧玲珑，令人爱不释手。

说来也巧，此宋代钧窑托盏竟与本书前面介绍的五代秘色瓷托盏在器型、大小和印花上几乎完全相同，尽管釉色有别、窑口不同，但同属青瓷系列，完全可以配为"鸳鸯"对儿（图8-8、图8-9和图8-10）。

一个南方，一个北方，两件不同朝代、不同窑口的高古瓷，居然能配成"鸳鸯"对儿，这实在是十分难得的事，也令人感到意外和惊喜。

在这两件瓷器上，我们还有怎样的认识呢？

首先，看看陈万里先生在《汝窑的我见》一文中的一段话："汝窑以何因缘而烧造青器？我颇怀疑到受着南方越州秘色瓷的影响。因为南方之越，在唐是邢越并称的，何况秘色瓷之在唐，经过了宫廷间的应用，它的声誉，说不定还在邢之上。五代数十年间，钱氏用以贡唐贡晋，史实俱在，尤其是在太平兴国初年，大量生产，以之贡宋。"

陈先生这里讲的有两点我们要特别注意：

一是"太平兴国初年，大量生产，以之贡宋。"这说明宋代有较多进贡来的越窑精品，为汝窑向越窑学习提供了足够的实物。

二是"汝窑以何因缘而烧造青器？我颇怀疑到受着南方越州秘色瓷的影响。"这里陈

图 8-8　五代的秘色瓷托盏和宋代的钧窑托盏，可配为"鸳鸯"
　　　　对儿

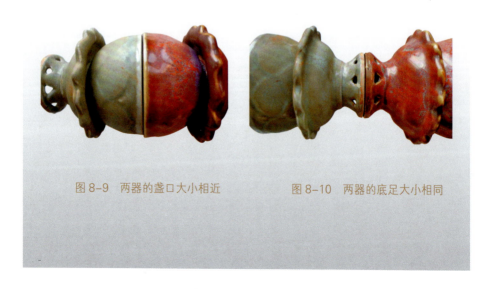

图 8-9　两器的盏口大小相近　　　图 8-10　两器的底足大小相同

先生特意提出秘色瓷，认为是它影响了汝窑。其实，秘色瓷何止影响了汝窑，就连在官汝窑建立之后许久才建立的钧瓷官窑，也受到秘色瓷的影响。这一对儿"鸳鸯"配托盏，不是最有说服力的事实吗——钧窑在仿制秘色瓷的托盏器型，生产出钧瓷托盏！这也是古代南北窑业相互学习借鉴的又一例证。

这一对儿"鸳鸯"配瓷器，在器型、印花上几乎完全相同，但仔细观察，其两器足底的处理是完全不同的。五代秘色瓷托盏的底足是平切的，其宽度不足 4 毫米，边沿有火石红色（图 8-11）。

宋代钧窑玫瑰紫釉托盏的底足，虽也是平切，但底面比秘色瓷托盏底足宽一倍还多，将近 9 毫米，底足涂有金酱色汁水。足墙内壁底端与足底面形成一夹角，上有较厚的天蓝色积釉（图 8-12）。

另外，在装烧工艺上两器也不同：五代的秘色瓷托盏用的是垫饼垫烧，而宋代钧窑玫瑰紫釉托盏的底足上，却有明显的支烧痕。

这两件瓷器告诉我们：宋代已有了仿瓷。不过这里仅仿其器型、大小和模印莲瓣纹；而胎土、釉料及生产工艺等，却完全保留钧窑原有的特点。这与我们常说的现代高仿瓷完全不是一回事。

两只不同朝代、不同窑口、不同釉色的青瓷托盏，在近千年之后，以"鸳鸯"对儿的面貌展现在我们面前，这是古代先人留给我们的又一

图 8-11　底足平切，宽不足 4 毫米，边沿有火石红色

图 8-12　底足宽近 9 毫米，涂有金酱色汁水，足底向内延伸

份厚礼。

　　面对这蕴含着古文化信息的大礼，一般的大众收藏者想深入了解和研究它的文物和学术价值，是有很多困难的，笔者在此略述浅见只是抛砖引玉，愿有关专家学者或文博等研究机构能做进一步的研究，从而为我国古陶瓷研究成果添一笔新的色彩。

9

黑青花鱼藻纹盘

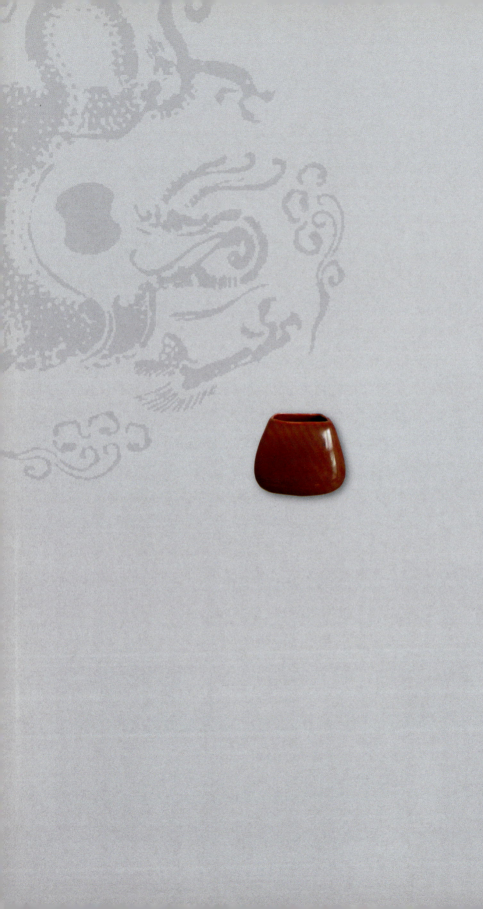

明代开国皇帝朱元璋在位期间，始建御窑厂，但何年所建至今尚有争议。清蓝浦著《景德镇陶录》开头记载："洪武二年就镇之珠山御窑厂，置官监督，烧造解京。"对文献的这一记载大家比较认同，即御窑厂建于洪武二年（1369 年）。

洪武年间烧制了很多官窑瓷器，但都没有真正的官窑纪年款，这为我们后人鉴定洪武官窑瓷器增加了困难；也正因为如此，我们在识别洪武官窑瓷器时，在款识之外的其他特征上便尤为注意。

1984 年夏季，在北京第四中学基建工地上，从挖掘机的铁铲下抢救性地捡拾出数千片青花和釉里红瓷残片。根据土质、地层叠压关系及伴随物，确认它们的时代就是明代洪武时期。经过专家对这批残片的整理，发现其造型和纹饰均与现今散布在世界各地数量有限的洪武官窑器雷同。丘小君和陈华莎先生为此写专文《景德镇洪武瓷新证》（原载《江西文物》1990 年第 2 期）对洪武官窑瓷特征做了详细介绍，使我们对洪武官窑瓷有了确切的认识。

这只黑青花鱼藻纹盘，直径 20 厘米，底足外径 11 厘米，盘壁从腰下渐厚，圈足宽厚、平切、足墙较矮，足内无釉，有浅淡的火石红色（图 9-1 和图 9-2）。

图 9-1　黑青花鱼藻纹盘（正面）

图 9-2　黑青花鱼藻纹盘（底面）

此盘即典型的洪武官窑瓷。何以见得？

1. 此盘的鱼藻纹所用的钴料是进口的苏麻离青料。

用苏料绘出的纹饰烧成后呈色浓艳青翠，在浓重之处会深入胎骨，变成青黑乃至深黑色，上有锡光或铁锈斑，釉面出现极明显的下凹现象。图9-3中鱼鳞的交笔处皆因钴料浓重而致胎骨深凹（图9-3、图9-4）。

此盘的鱼藻纹皆为黑色，这很可能是窑工有意高温而为之。有人认为洪武朝的青花瓷是刻意烧成黑色，以区别于元代，并名之为黑青花。此盘虽为黑青花，但仍有钴料浅淡处呈现出蓝色的基调，只是发色为灰

图9-3　用苏料绘出的纹饰烧成后呈色浓艳青翠，在浓重之处会深入胎骨，变成青黑乃至深黑色

图9-4　放大镜下可见钴料浓重处胎骨深凹，且有锡光

青色，盘口内的双弦纹即如此（图9-5）。

　　苏麻离青料产生的铁锈斑在此盘的纹饰中也能见到，只是数量很少，而大量出现的是锡光（图9-6和图9-7）。

图9-5　盘口弦纹因钴料浅淡而呈现蓝色的基调，发出灰青色

图9-6

从图9-6、图9-7中可见到大量的锡光和一些铁锈斑

图9-7

2. 此盘中腰以下的胎体厚重。1984年北京第四中学工地出土的洪武官窑瓷瓷片中有青花瓷盘的残片，其胎体便是中腰以下厚重，瓷质比永乐朝瓷质略显粗厚疏松，而且在胎体内可见针眼状或细小窳状裂隙。此黑青花鱼藻纹盘的沙底内这一特征极其明显，与出土的洪武官窑瓷一样有针眼状及小窳状裂隙（图9-8）。

3. 此盘釉面肥腴光润，细腻、光洁、平滑，无开片，泛较深的青白色，呈明代常见的"亮青釉"特征。尤其是在该盘的口沿处有囤积釉现象，形成一圈明显的自然厚唇状。这与1984年北京第四中学工地出土的洪武官窑瓷片的特征完全一致（图9-9）。

鉴于此盘以上诸特征与出土的洪武官窑瓷片特征相符，故判定其为洪武官窑瓷当无误。

由于目前我们所知的洪武官窑瓷的纹饰题材，大多都是以花卉为主的数种，而元代那种瑞兽、鱼藻、鸳鸯莲、历史人物故事等却不见或少见。故此，这只洪武官窑鱼藻纹盘当属珍稀之品，更何况又是黑青花，保存如此完好，尤为难得。

图 9-8　胎体内针眼状及细小窳状裂隙

图 9-9　口沿处可清晰地看到囤积釉现象

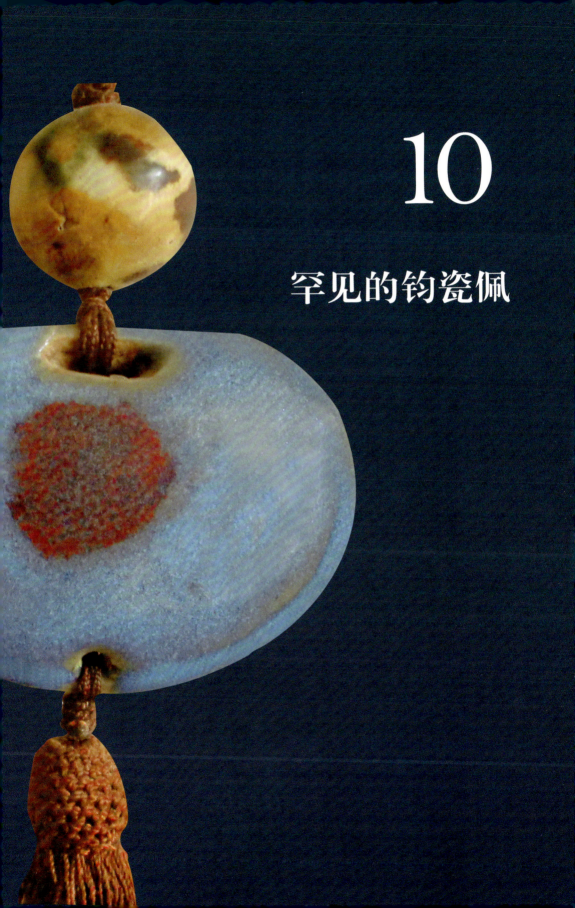

10

罕见的钧瓷佩

钧窑是我国宋代北方十分著名的瓷窑，它烧制出很多精美的宫廷用瓷和大量的民用瓷，宋元时期形成非常有影响的钧窑系，其产品遍布全国并远销海外。

钧窑瓷有各种器型，但我们常见的无外乎尊、洗、炉、瓶、盆、罐、碗、盘之类，很少见到琢器与圆器以外的器型。

本人现藏有一件十分罕见的钧窑瓷佩，应是当时专为儿童烧制的祈祝长命百岁的吉祥佩饰，像现在的金锁、银锁一样佩戴在胸前。

此佩呈腰子形，长 6.6 厘米；宽 4.3 厘米；厚 0.6 厘米。浅灰色胎骨，佩的正面阴刻有楷体"长命"二字，靠近边缘阴刻弦纹一周。佩的上边有一扁形穿孔，与其对应的下方也有一小圆形穿孔，是为穿系佩戴和附加悬垂饰品用的。

瓷佩正面涂天蓝色釉，蓝中微泛紫红，釉水肥厚，色泽柔和，若霞若岚，十分温润可爱。釉上还有一块直径近 2 厘米的紫斑，红若海棠，在蓝色底釉的衬托下尤为艳丽夺目。若用放大镜仔细观察，紫斑上有淡黄色网状缕线及一些细小的棕眼，斑外的蓝釉上也有无数微微凹下的棕眼痕（图 10-1）。

瓷佩的侧面及背面均无釉，背面有几块老油纸色金酱釉斑（图 10-2）。

背面边沿还有一块残留的垫渣（图 10-3）。

图 10-1　天蓝色釉，微泛紫红，若
　　　　霞若岚，温润可爱

图 10-2　背面无釉，有几块老油纸
　　　　色金酱釉斑

图 10-3　背面上有残留的垫渣

此佩经资深藏家鉴定，初步判定为宋代产品。

宋代钧窑瓷器带有铭文的很少，目前我们所能见到的仅有两种，即"奉华"与"省符"。传世的均窑瓷器都是北宋后期宫廷使用的瓷器，器底除有数目字编号外，还有后来清代造办处工匠刻上的宫殿名称，如"景阳宫""养心殿"等。

在民间使用的钧瓷上发现铭文，过去未见报道，至少在《中国陶瓷史》（1982年版）、《中国陶瓷》（冯先铭先生著）、《简明陶瓷词典》（汪庆正等人编）等重要著作中未见记载。如果此佩上"长命"二字确实是民用钧瓷上首次发现的铭文，这不能不说是一件令人十分高兴的事，因为由此更证明了它的珍稀性。

"家有万贯，不如钧瓷一片。"

这是古董商常说的一句话。每每听到这话，我心中总生疑团：小小的一片碎瓷，怎抵得家财万贯？如若说是完整的古代钧瓷一件，这话还说得过去。

缘此，我还常常自以为是地为别人纠正。殊不知，古代钧窑竟果真生产片状瓷器，此佩令我想起自以为是的往事，好不惭愧。

好为人师者当以我为鉴。

11

奇异的青瓷莲花杯

十几年前，在北京的一次小拍预展会上，我看到一只青瓷莲花杯，杯体饰模印双裂莲瓣纹，杯体较大，莲瓣细长，双层莲瓣尖端在杯口处均向外翻翘。

　　此杯的模印莲瓣纹，与出土的南朝青瓷莲花尊颇类似。当时我决定在拍卖时将其买回进行研究。

　　真不凑巧，在拍卖那天因有急事我未能前去竞拍，事后赶去时拍卖会已结束。

　　本是一件心仪的瓷器，如被拍卖出去便失之交臂了，令人惋惜。但可庆幸的是，当我走进展厅向展柜里张望时，那只青瓷莲花杯竟仍然伫立在那里，与旁边几件艳丽的彩瓷相比，它显得那么单调、那么晦暗，难怪拍卖会上无人问津。可此刻我却兴奋不已。我居然开始相信人们常说的"宝物和宝主是有缘的，是你的东西它定会在那里等你。"

　　经工作人员与物主联系，我以底价加佣金的费用将其捧回家中。

　　此杯高 14.2 厘米，口径 10.5 厘米，足径 9.8 厘米。体外有 6 个模印双裂莲瓣纹，双层莲瓣尖在杯口向外翻翘。胎色灰白，胎体较轻薄，足呈倒置喇叭形。釉色青绿泛黄，釉质莹润，玻璃质强，开片细密，纹饰的凹线处均有浓重的青绿色积釉（图 11-1）。

　　此杯模印莲瓣纹及向外翻翘的瓣尖等

装饰特点，与出土的南朝青瓷莲花尊颇类似（图 11-2）。

本来这是一只纹饰很漂亮、釉质也莹润的青瓷莲花杯，但是当你仔细把玩观赏的时候，你会发现这杯子有很多奇怪之处。

第一，此杯的杯口恰是由向外翻翘的 12 个双叠莲的莲瓣尖构成的，而且口沿内翻，形成 12 个小弧形的斜墙（图 11-3）。

这样的杯口实在是奇怪！明明是一只高脚杯可以盛放饮品，但杯口却有内翻的口沿阻挡饮品外流，这种设计有悖于常理，令人

图 11-1 青瓷莲花杯

图 11-2 江苏南京出土的南朝青瓷莲花尊

图 11-3 口沿内翻，形成 12 个弧形斜墙

百思不解。

有的藏友说：这才叫标新立异呢！什么是唯美主义？这就是老祖宗的唯美主义。你看漂亮不？好看就行，有个小沿怕什么，照样能喝水用！

但有的藏友却不同意这种看法，认为这不是日常生活中使用的杯子，或许是盛放供品的，在祭祀时才用。但这也只是猜测，谁也没有确凿的证据。

第二，该杯平足露胎，底足上有明显的用泥土作旧的痕迹。我清洗掉泥土后竟然发现底足是个假平足，用水煮过以后，一块无釉的瓷饼便被抠了下来，露出了喇叭形底足的内壁。

原来是有人故意将内壁上的瓷釉用机器

奇异的青瓷莲花杯

磨掉一些，露出瓷胎，然后用胶粘上一块用残破老瓷的平足磨好的瓷饼，做成假平足。很明显，这种事情是过去的古董商人干的，为了牟利欺骗客人（图11-4）。

但是，原本是内空的喇叭形底足，为什么非要做个假平足呢？这又是一件很奇怪的事。

我和藏友们猜测：可能是因为当初底足内壁凹凸不平，加工得十分草率粗糙，还多处无釉露胎（图11-5），古董商为了遮丑，故而作假欺骗客人。

瓷杯的模印莲瓣纹十分精致，可窑工师傅为什么单单将底足内壁做得那么粗糙，不精细加工呢？大家都觉得非常奇怪，不可理解。

第三，此杯内外都有不少爆釉的地方，而这些爆裂的釉泡均被填实磨平，这又是为

图 11-4　有人故意将瓷釉用机器磨掉露出瓷胎

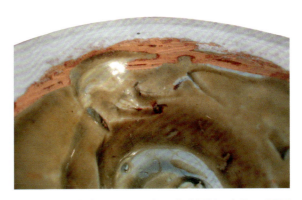

图 11-5　足内壁凹凸不平，加工十分粗糙，多处无釉露胎

图 11-6　杯内爆裂的釉泡均被填实磨平

了什么？（图 11-6）

　　这只莲瓣纹高脚杯是哪个朝代的，它的实际用途是什么，这些奇怪的问题应怎样解释？

　　我想，先了解与它在造型和装饰风格上极相似的青瓷莲花尊的情况，或许能从中找到破解的线索。

　　1948 年，青瓷莲花尊发现于河北井景县封氏墓群中，后来，在湖北武昌、江苏南京、山西太原、山东淄博等地的墓葬中先后又发现过这类器物。

青瓷莲花尊是在佛教大流行的背景下产生的，前后流行于中国南北方百余年，即公元5世纪中期至6世纪末，那个时代正值我国东晋、十六国和南北朝时期。

有了这个时间跨度，再查找这一时期的有关文献资料和各地馆藏的藏品，也许能有收获。

经过较长时间的多方查找，居然查到在日本的出光美术馆有一件精美的青瓷烛台，这烛台有覆莲形座，上有长方形横梁，梁上承一排5个小杯形的蜡烛托（图11-7）。

这覆莲形底座的青瓷烛台，是我国南朝（也有人认为是北魏）时的产品，其底座的造型与纹饰同莲花杯是一样的。大家见此烛台的照片后，莲花杯的那些怪异问题便迎刃而解了。

原来，所谓的莲花杯本不是杯，而是古代蜡烛台的底座（图11-8）。可为什么变成了杯呢？可想而知，这是过去的古玩商把蜡烛台上部残损的部分去掉，再把覆莲形底座加工修补后倒立过来，就变成一只莲花杯了。

莲花杯原本是蜡烛台的底座，在它上面本应有5个小杯形的蜡烛托，但都已缺失。尽管如此，这只莲花杯也是十分珍贵的，它

图 11-7　日本出光美术馆收藏的覆莲形底座青瓷烛台

图 11-8　莲花杯本不是杯，而是蜡烛台的底座

的生产年代距今已 1400 多年，而且目前仅在日本有一件完整的与其近似的蜡烛台。

20 世纪 90 年代初期，在河南偃师杏元村北魏孝昌二年（526）梁华墓中发现相似的一件，上面也有 5 个小杯形的蜡烛托，与出光美术馆的一样，不同的是，它是在一只蟾蜍的背上安装横梁和烛托的（图 11-9）。

精美的覆莲形座青瓷蜡烛台目前仅有一件，藏于日本出光美术馆。此件青瓷双裂莲瓣纹莲花杯，恐也仅此一件，亦当列为珍稀之藏品。

我们不难想见，旧时代的古玩市场对高古瓷的重视程度该有多么高。如果此莲花杯卖不出高价，古玩商何苦要对其精心作假和刻意修饰呢！也许他们并不知道它的年代和用途，但他们确切地知道它是古瓷，有价值，这是毫无疑问的。

可叹今时很多人仅看近利而对高古瓷漠然视之，这种状况我想总有一天会改变。

图 11-9 北魏孝昌二年梁华墓
出土的小杯形蜡烛托

12

一张图片的启迪

凡收藏古陶瓷的人，在认知一件不太明了的古瓷时，常常要花去很多时间去多方查找资料，来进一步了解其生产年代、窑口、用途、存世量、独具的文物价值等诸多问题。有时能很快找到一些资料，有时却很难找到资料，心中的疑问一拖十年八年乃至永不得解的事是常有的。

但是，也有"踏破铁鞋无觅处，得来全不费工夫"的偶然所得。或一幅图画、或一张照片、或一段文字、或某一个机缘巧合，便使你眼前一亮，茅塞顿开，一个许久未解的疑问便立即有了答案。

我曾淘来一件花釉鼓形小瓷凳，它的准确用途是在疑猜多年之后，见到一幅图片时才豁然明白的。

这件花釉鼓形小瓷凳高17厘米，凳面直径16.2厘米，鼓腹最大直径21厘米；体外施黑色釉，绘月白色大花斑；鼓腹上部和下部各刻有一道弦纹，并在弦纹一侧作减地雕刻处理，用以仿出鼓面蒙上牛皮的形状，同时在鼓腹上下两端各贴塑二十几个鼓钉，鼓腹两侧贴塑有圆形小提环，另两侧有双眼突起的神人兽面贴饰，让人看上去瓷鼓与真的木制皮鼓器型完全一样（图12-1）。

多年前我在一家小古玩店里见到这件小瓷凳时，立刻想到了故宫博物院珍藏的花瓷腰鼓（图12-2）。

图 12-1　鼓型花釉小瓷凳

图 12-2　故宫博物院珍藏的唐代鲁山窑花瓷腰鼓

两件器物虽然器型不同，但都是花釉瓷器。故宫藏的花釉腰鼓极为罕见，目前存世的仅此一件，十分珍贵；而这件鼓形小瓷凳，我想一定很有收藏和研究价值，于是便立即买下抱回家中。

　　瓷凳又称坐墩、绣凳、凉墩，它本是人们在夏天纳凉时用的，一般瓷凳的高度都和人们平时使用的椅子、凳子的高度相仿佛，虽然大小粗细有所不同，但差别都不大，均适合人们坐用。而这件花釉鼓型瓷凳却远远小于人们常用的瓷凳，这让人很是费解（图12-3）。

图 12-3　花釉小瓷凳远小于人们常用的大瓷凳

难道它不是供人坐而是另有用途的吗？特别是在鼓腹两侧各有两眼凸起的神人兽面贴饰（图12-4）。让人联想到古人祭祀时所用的各类礼器。更特别的是在鼓腹贴塑旁有故意刻划如文字样的刻痕，这种刻痕大部分压在贴塑下面，少许露在贴塑外面（图12-5）。

图 12-4　鼓腹两侧有两眼凸起的神人兽面贴饰

图 12-5　鼓腹贴塑旁有故意刻划如文字样的刻痕

露出的刻痕极像文字，但从任何角度看都看不出完整的字，这不由得让人猜想是巫师所用的符咒之类的符号。缘此，这件瓷鼓更平添了不少神秘的色彩。

　　此瓷鼓究竟作何用途？我很长时间找不到相关资料，只好存疑待解。

　　1989年在河北省邯郸峰峰矿区，在施工过程中意外发现了地下古墓，墓中石碑上写有"泰和二年八月十二日之亡过"字样。泰和二年是金章宗完颜景在位时的年号，也就是公元1202年。这是一处平民墓葬，墓中有一具女尸。有趣的是在墓中出土了一组姿态各异的瓷娃娃佣，其中除一件特殊的襁褓佣之外，还有几个高仅16厘米的小瓷佣，内有两个小瓷佣都坐在圆形的鼓凳上（图12-6）。

图12-6　金代泰和二年墓出土的两个小瓷佣，都坐在圆形鼓凳上

见此图片我如梦方醒，原来此花釉小瓷凳是专为儿童设计制造的！

为企盼孩儿平安健康，特在鼓腹上贴塑神人兽面以驱灾避邪。至于鼓面上刻划的线条有何用意，恐非一时可解之谜了。

花釉是唐代的创新品种。它是在黑釉、黄釉、天蓝釉、黄褐釉或茶叶末釉上以天蓝或月白色斑点为装饰，其斑点或排列有序，或随意点画。由于在深色釉上饰以浅色斑点，其颜色反差强烈，深色衬托出的彩斑尤为醒目。

据《中国陶瓷史》（中国硅酸盐学会编）载，20世纪60年代在河南郏县的黄道窑首次发现了花釉标本，70年代又先后在河南的鲁山、内乡、禹县及山西交城等窑发现了4处花瓷产地。唐代烧造腰鼓的除鲁山窑外，还有禹县的小白峪窑。

此件花釉鼓型小瓷凳是不是鲁山窑或小白峪窑烧造的呢？经过与故宫博物院藏的花釉腰鼓进行比对，发现小瓷凳上的大斑点有明显的笔痕（图12-7）。

这一特点应表明它是山西交城窑的产品，因为只有山西交城窑的花瓷，才有这样明显的笔痕。

一件花釉古瓷给我们带来不少信息，也给我们留下待解之谜。

图 12-7　小瓷凳上的大斑点有明显的笔痕